- DE PÈRE EN FILLE -
Chez Virginie
Fromagère Affineuse
- DEPUIS 1946 -

LA CUISINE DU FROMAGE

À mes parents.
Virginie

À Hugo, Lucas et Paolo.
Franck

Virginie Boularouah
Franck Schmitt

LA CUISINE DU FROMAGE

70 RECETTES POUR FONDRE DE PLAISIR

GERFAUT

- DE PÈRE EN FILLE -
Chez Virginie
Fromagère Affineuse
- DEPUIS 1946 -

Chez Virginie
54 rue Damrémont
75018 Paris
01 46 06 76 54

Chez Virginie
125 rue Caulaincourt
75018 Paris
01 42 58 14 57

chezvirginieparis

Chez Virginie, une belle histoire de famille

Grataron d'Arêches, persillé de Saint-Maurice , cupidon, « le Druide »[*], le brie « façon Tigre qui pleure »[*], le tartuffe, le bleu de Termignon... Leur seule évocation semble être une ode aux saveurs et aux terroirs français !

Voilà trois générations que la famille de Virginie sublime les fromages, les affine méticuleusement et met en lumière le travail d'artisans d'exception. Avant elle, ses parents et ses grands-parents ont toujours œuvré pour présenter des produits rares. Elle perpétue aujourd'hui avec brio cette vocation nourrie par l'envie de sortir des sentiers battus, de lutter contre les lobbys industriels et de se centrer sur l'amour des produits vrais et savoureux.

Les deux fromageries Chez Virginie à Montmartre, à Paris, ont été créées respectivement en 1901 et 1954.

Virginie y propose plus de 200 variétés de fromages au lait cru qui vont et viennent au fil des saisons, des productions et des envies de cette fromagère passionnée.

Elle partage l'émotion de goûter des produits authentiques et empreints de leur terroir. Elle parcourt la France pour rencontrer les producteurs et sélectionne avec soin les fromages en fonction de leurs saveurs, mais aussi des conditions d'élevage des animaux. Les élus viendront lentement s'affiner dans ses caves et s'enrichiront parfois de truffes, d'herbes aromatiques, de fruits et de graines, dans une harmonie dont Virginie a le secret.

La dégustation devient alors un moment unique de partage.

* Création de la fromagerie Chez Virginie, Paris.

SOMMAIRE

LE FROMAGE
UNE VÉRITABLE HISTOIRE D'AMOUR

Les Français sont parmi les premiers consommateurs de fromages au monde avec près de 30 kilos par personne et par an[1] ! Après une trentaine d'années à exercer mon métier de fromagère affineuse, je m'étonne encore de la qualité de notre production fromagère et, surtout, je ne m'en lasse pas (je continue d'en manger tous les jours).

Le fromage est comme un couteau suisse, il offre une multitude de choix en cuisine. Comme il ne se passe pas un jour sans que je propose des recettes à mes clients, j'ai eu envie de partager des recettes originales et inédites, ainsi que des classiques connus de tous ou revisités, afin de vous simplifier le quotidien et l'embellir. La rencontre avec Franck Schmitt et les éditions du Gerfaut a rendu ce projet possible. Mais au-delà des recettes, c'est ma passion pour ce noble produit que je veux transmettre.

Mon premier objectif était de parler concrètement du fromage au quotidien, afin de répondre aux questions récurrentes. Qu'est-ce que l'affinage ? Comment composer et dresser un plateau ? Comment couper le fromage ? Avec quelles boissons s'accorde le fromage ? Comment le conserver et que faire des restes ? Mais je souhaitais aussi vous faire découvrir des pépites. Vous aurez peut-être du mal à les trouver. Cependant, certains de ces fromages sont trop exceptionnels pour être passés sous silence, et je vous propose des équivalences afin de les remplacer. En effet, un fromage peut se substituer à un autre et cela donne souvent de bonnes surprises !

Du fromage… à toutes les sauces !

Quelle chance nous avons d'avoir une telle diversité et de tels terroirs en France ! Le fromage est profondément ancré dans notre culture et dans nos modes de vie. D'ailleurs, en 2010, le plateau de fromages est entré au patrimoine culturel immatériel de l'Unesco avec l'inscription du « repas gastronomique des Français ».

La place du fromage a énormément évolué ces dix dernières années. Il est beaucoup plus présent au quotidien. On est passé du classique plateau de fin de repas « à la papa » à des soirées *cheese and wine* branchées, des apéritifs, des brunchs et des modes de consommation plus nomades. Sans oublier l'explosion de la consommation hivernale des raclettes, des tartiflettes et des boîtes chaudes. Que dire enfin des « buffets fromages » qui sont de plus demandés pour tous types d'événements : soirées d'entreprise, mariages, *fashion weeks*, vernissages, etc. ? Et, maintenant, le fromage s'invite aussi en dessert avec des accords étonnamment bons par le biais de recettes créées par de grands chefs, comme le chaud-froid de brillat-savarin aux prunes ou encore le reblochon aux figues, pistaches et marjolaine. Quel que soit le style choisi, le fromage reste toujours signe de convivialité. Et lorsqu'on rentre d'un long séjour à l'étranger, le fromage n'est-il pas la première chose que l'on souhaite manger avec une bonne baguette croustillante ?

1 Fédération des fromagers de France, *Le Panorama économique des crémeries-fromageries de détail*, cité par Kantar, Produits laitiers, données 2020.

Une délicieuse naissance accidentelle

L'histoire des produits laitiers ne date pas d'hier et les témoignages de l'existence ancienne du fromage ne manquent pas. Ainsi, les pharaons étaient accompagnés dans leur tombeau par une urne à fromage ; dans l'*Odyssée*, Homère relate l'égouttage d'un fromage fabriqué par le cyclope Polyphème…

Il semblerait que le fromage soit apparu aux alentours de 10 000 ans avant J.-C. au Proche-Orient. À l'époque, on conservait le lait dans des outres fabriquées avec la caillette de jeunes ruminants, c'est-à-dire la quatrième partie de l'estomac de ces animaux. Or, cette caillette contient des enzymes naturelles qui ont la propriété de faire coaguler le lait. De cet astucieux mode de transport et de conservation serait née la version solide du lait : le fromage. La méthode de fabrication s'est bien vite répandue autour du bassin méditerranéen, gagnant ensuite le nord de l'Europe sous l'impulsion des Romains.

Au Moyen Âge, les moines ont préservé les secrets de fabrication de certains fromages comme le maroilles, le munster et le pont-l'évêque, puis les régions ont commencé à produire leurs propres spécialités. Mais c'est la création des chemins de fer, au XIXe siècle, qui a permis leur diffusion progressive dans tout l'Hexagone. En se transformant, le lait devient bien plus protéiné : le fromage a donc acquis le statut de « viande du pauvre » à une époque où beaucoup ne mangeaient pas toujours à leur faim. Pour conserver les pâtes molles, bien avant l'arrivée du réfrigérateur, la cendre et le foin étaient les moyens les plus efficaces.

FR
14 5002
2117

Une affaire de terroirs

En s'adaptant à son environnement, l'Homme a inventé des fromages différents, entraînant la reconnaissance de terroirs. Cet important patrimoine fait vivre de nombreux acteurs en France, territoire géographique d'une incroyable diversité où l'on privilégie des troupeaux endémiques adaptés et l'utilisation du lait cru. C'est ainsi qu'au fil des siècles, différentes variétés de fromages se sont imposées, avant d'être regroupées en familles : fromages frais, fromages fondus, pâtes molles à croûtes lavées, pâtes molles à croûtes fleuries, pâtes pressées cuites, pâtes pressées non cuites, pâtes persillées (pour les familles de fromages, voir p. 21). La maîtrise des technologies laitières – que l'on a longtemps enviée à la France et que l'on copie maintenant – s'allie à la richesse des terroirs locaux. Car, comme pour le vin, il faut au fromage un beau terroir !

Organisme vivant, le lait cru révèle un terroir et un savoir-faire. On ne peut pas tricher avec lui ! Il est garant d'authenticité. L'utilisation du lait cru permet la mise en valeur des qualités organoleptiques d'un fromage. Grâce à lui, quasiment tous nos sens sont mis à contribution lorsqu'on déguste un fromage : il faut d'abord faire appel à la vue, au toucher, puis à l'odorat et, enfin, au goût. Au fil des saisons, son goût, sa texture et sa couleur varient en fonction de l'alimentation du troupeau. Les laits d'été sont beaucoup plus riches, voire floraux si l'on se situe en alpage (plus on monte, plus la flore est riche). Le lait sera chargé en bêta-carotène, donc plus jaune. Les laits d'hiver, quant à eux, sont moins riches (les troupeaux mangent du foin et pas d'herbe fraîche) et un peu moins savoureux, mais un affinage bien maîtrisé peut compenser ce phénomène. Si l'exploitation se trouve en bord de mer, des notes iodées peuvent aussi apparaître. Le lait cru est un vecteur de la biodiversité. Il exprime la vie des territoires.

Le choix des différentes races de vaches laitières, chèvres ou brebis est primordial car, en fonction de leur production journalière, leur lait sera plus ou moins riche. Celles à faible rendement, comme la jersiaise ou la froment du Léon, produisent un lait plus goûteux et plus riche.

La fabrication de fromages au lait cru est un exercice difficile et périlleux, car le produit est sensible, vivant. Son goût varie même en fonction de sa forme. C'est bien pour cela que les groupes industriels préfèrent fabriquer et vendre du fromage à base de lait pasteurisé : celui-ci offre une conservation plus facile mais avec beaucoup plus de neutralité organoleptique.

De la production du lait à la fabrication du fromage

Quand vous mordez dans un morceau de fromage, avez-vous conscience de tout le travail qu'il y a derrière pour vous permettre de déguster un fromage de goût et de qualité ? En réalité, quand on parle de « producteur fermier », on réunit sous une même casquette plusieurs métiers différents.

Tout d'abord, les producteurs sont des **éleveurs**. Je parle là de ceux qui travaillent dans des micro-exploitations, qui ne font pas la course au rendement mais qui misent plutôt sur la qualité du lait. Il leur incombe de prendre soin de leur bétail, de bien le nourrir grâce à une alimentation saine, sans OGM et de respecter leur bien-être. Les animaux doivent pouvoir sortir aux beaux jours et bouger dans l'étable l'hiver, avoir de l'espace, vivre sans stress et dans un endroit propre. Les éleveurs doivent gérer la traite deux fois par jour, vers 5 heures puis vers 17 heures. Enfin, ils doivent avoir une large connaissance des animaux pour les soigner, en privilégiant l'homéopathie et les méthodes douces, et assurer également les mises bas.

D'éleveurs, les producteurs se font **fabricants**. En effet, une fois le lait récolté, il va être transformé. Il existe plusieurs technologies de transformation. Même si les AOP (Appellations d'origine protégée) sont régies par un cahier des charges, chaque producteur possède son propre savoir-faire – d'où l'intérêt, pour moi, d'aller sur le terrain pour choisir ceux que je préfère. Fabriquer un bon fromage n'est pas une mince affaire. Il faut beaucoup de talent, et tous les fermiers ne font pas forcément de bons fromages. J'ai pu m'en rendre compte lors de mes nombreuses visites en région, depuis plus de trente ans. Il est difficile de trouver des produits qui sortent du lot ; il faut fouiner, aller de ferme en ferme et parcourir tous les coins de France, et ce, en différentes saisons. C'est ce que m'ont toujours inculqué mes parents et mes grands-parents.

La transformation du lait requiert de nombreuses qualités : sens de l'observation, rigueur, persévérance, désir de produire le meilleur de façon vertueuse. En outre, comme tout est fait à la main, aucun fromage au lait cru n'est le même, c'est là tout l'intérêt ! Le goût peut varier en fonction de nombreux facteurs : le temps, la saison, la race du troupeau, le salage manuel, etc. Une fois fabriqué, le fromage est soit vendu frais ou après plusieurs de jours (cela varie en fonction du cahier des charges s'il est en AOP), soit part chez des affineurs. Très peu de fermiers affinent eux-mêmes leurs fromages, faute de place, de temps ou de savoir-faire.

Enfin, les producteurs ont une dernière casquette : produire leur fourrage pour l'hiver. Il leur faut donc labourer, semer au printemps puis récolter au bon moment. Ils sont alors **cultivateurs**.

Vous l'aurez compris, c'est un métier extrêmement physique et fastidieux, un métier de passion. La charge de travail est colossale. C'est pour tout cela que l'on doit aux producteurs fermiers le plus grand respect.

Les saisons du fromage

Les saisons dues au climat

Eh oui, il existe des saisons pour le fromage ! Cette saisonnalité est liée, tout d'abord, aux deux temps forts qui rythment la vie du bétail : la sortie au printemps et la mise à l'étable en automne.

Le bétail reste en extérieur d'avril-mai jusqu'à octobre-novembre. Cela varie selon les régions : les animaux peuvent sortir plus tôt et rentrer plus tard en fonction des températures et de l'ensoleillement. C'est durant cette période qu'ils vont paître de l'herbe fraîche (et bien grasse en début de saison). Mais, même si les vaches, chèvres et brebis peuvent résister au froid, elles n'aiment pas l'humidité. C'est pour cela qu'à l'automne, et pour tout l'hiver, elles sont rentrées à l'étable. Le foin devient alors leur alimentation principale.

En conséquence, il faut privilégier les fromages à affinage court au printemps et durant l'été : les pâtes molles ou les lactiques en vache, chèvre et brebis[2]. On peut aussi se tourner vers les fromages avec un affinage long, comme les fromages d'alpage du type beaufort AOP, mais de l'année précédente – il faut au moins 12 mois d'affinage pour qu'un beaufort AOP commence à s'exprimer. Ainsi, c'est durant cette période que des fromages comme le reblochon AOP, le camembert de Normandie AOP, le munster AOP, etc, sont les meilleurs !

Pendant l'automne et l'hiver, on s'orientera en priorité vers les fromages semi-affinés comme les tommes et les persillés (tous laits confondus). Ce sont des fromages qui ont demandé 4 à 5 mois d'affinage, ils ont donc été fabriqués avec des laits de printemps ou d'été. Les pâtes pressées cuites seront aussi à l'honneur.

Les saisons dues au cycle de l'animal

Pour produire du lait, il faut que l'animal mette bas une fois par an.
Si la période de lactation d'une vache est d'environ 10 mois, elle est de 7 à 8 mois pour les chèvres et de 6 à 7 mois pour les brebis. La saison naturelle pour déguster les fromages de chèvre et de brebis commence, en règle générale, en février-mars et se termine en septembre-octobre. Notez que certaines régions, comme le Sud ou la Corse, démarrent la saison plus tôt.

Pour information, si l'on trouve des fromages de chèvre et de brebis toute l'année, c'est parce que :

- **soit l'animal est en « lactation longue »**, c'est-à-dire qu'il poursuit sa lactation sans mise bas pendant environ 2 ans. Cette pratique concerne principalement les élevages caprins. Cette technique sollicite moins l'animal qui, dès lors, va produire moins de lait ;
- **soit il est « dessaisonné ».** Pour ce faire, on a recours à différentes pratiques : l'injection d'hormones *via* des éponges vaginales ou la monte naturelle, c'est-à-dire l'implantation d'un bouc ou d'un bélier au milieu de chèvres ou de brebis afin de réactiver leurs hormones ;
- soit, en période hivernale, certains éleveurs **rallongent la lactation en exposant les animaux à des lumières artificielles**. Pensant qu'il fait jour, ceux-ci continuent de produire du lait.

2. Il existe quelques troupeaux de bufflonnes en France, mais cela reste anecdotique.

L'affinage

Affiner, c'est porter un fromage à maturité afin de révéler ses meilleures flaveurs et textures. L'affinage est essentiel pour tout fromage qui ne se vend pas frais. Le fromage est un organisme vivant et, comme nous, il a besoin de respirer. Une température trop froide va le bloquer et l'empêcher d'évoluer. À l'inverse, il va se dégrader si la température est trop chaude. L'hygrométrie de mes caves est primordiale. Il faut donc trouver le bon compromis, ce qui requiert vigilance, rigueur, sens de l'observation et patience.

Le fromage a besoin de temps pour se révéler et pour développer ses micro-organismes naturels (bactéries, levures et champignons), garants de goûts et de saveurs. C'est par passion pour l'affinage que, depuis toujours, je choisis de recevoir les fromages « en blanc » ou demi-affinés de mes producteurs. Pour les chèvres et brebis lactiques, je propose des affinages différents : crémeux, entre-deux, secs et extra-secs, voire confits. Tous ces stades d'affinage nécessitent plusieurs semaines de travail.

Ma clientèle, composée de fins gourmets et de palais avisés, raffole des pâtes crémeuses. Ainsi, au fil des années j'ai mis au point des affinages « à la cuillère » comme le saint-félicien fermier (un régal !) ou bien le soumaintrain IGP.
Pour les tommes, quel que soit le type de lait, je les garde plusieurs mois en cave si je juge qu'elles ont besoin de plus de temps pour une parfaite dégustation.
Enfin, pour les grosses pièces, comme les comtés AOP de la fromagerie Charles Arnaud, je vais choisir mes réserves au fort des Rousses, afin de pouvoir proposer des comtés de 18 à 48 mois d'affinage pour les plus vieux.

Chaque famille de fromages a besoin de soins différents au cours de son séjour en cave, comme :

- **Le retournement.** Cette opération concerne toutes les familles de fromages et se pratique plusieurs fois par semaine. Elle permet au fromage de s'affiner régulièrement de chaque côté.

- **Le brossage.** Il s'effectue sur les tommes « cerronées ». Les cérons (mes amis) sont de petits acariens qui se développent dans les croûtes et forment à l'œil comme une sorte de poussière. Ils font partie intégrante de la croûte. Comme ils prolifèrent beaucoup, le brossage permet de limiter leur développement.

- **Le lavage.** Il s'adresse, lui, aux pâtes molles à croûte lavée. Les frotter avec de l'eau salée ou une eau alcoolisée (marc, vin blanc...) va leur apporter de la souplesse, du goût et ainsi réactiver les ferments du rouge contenus dans la croûte.

- **La morge.** La morge est une solution à base de sel ensemencée avec des bactéries et des levures spécifiques à la variété du fromage. Pour mes raclettes IGP et mes morbiers AOP fermiers, nous les emmorgeons afin qu'ils ne dessèchent pas et qu'ils aient un joli croûtage.

Tous ces gestes, qui doivent être maîtrisés, sont primordiaux pour bien affiner. Si je juge qu'un fromage n'est pas à point, je ne le présente pas à la vente. « Patience et longueur de temps... » Il n'existe pas d'école d'affinage, c'est un savoir-faire qui se transmet oralement et qui nécessite de l'expérience. C'est la raison pour laquelle je forme mes équipes afin qu'elles maîtrisent les techniques et qu'elles puissent les transmettre un jour à leur tour.

Pour les fromages fabriqués en hiver (donc avec du lait de foin), c'est l'affinage qui va permettre de booster leurs qualités organoleptiques. L'affinage permet à chaque fromager qui le pratique d'inscrire sa « patte », sa touche. Plein de possibilités s'offrent à nous : c'est un terrain de jeu unique quand on est passionné !
Enfin, notez qu'un fromage affiné se déguste : comme il est très savoureux, pas besoin d'en manger beaucoup. Long en bouche, il répondra aux attentes de votre palais par petites touches, plutôt que de vouloir remplir votre estomac d'une substance sans saveur.

Classement succinct des différentes pâtes de fromage

1. Les pâtes molles à croûte fleurie :
brie de Meaux AOP, camembert de Normandie AOP, coulommiers, brillat-savarin IGP…

2. Les pâtes molles à croûte lavée :
époisses AOP, mont-d'or AOP, pont-l'évêque AOP, langres AOP…

3. Les pâtes pressées non cuites :
reblochon AOP, salers AOP, tome des Bauges AOP, tommes de chèvre, morbier AOP, saint-nectaire AOP, ossau-iraty AOP, raclette…

4. Les pâtes pressées cuites :
comté AOP, beaufort AOP, abondance AOP (pâte semi-cuite), emmental de Savoie IGP, gruyère suisse AOP…

5. Les pâtes persillées :
roquefort AOP, fourme d'Ambert AOP, bleu d'Auvergne AOP, fourme de Montbrison AOP…

6. Les chèvres et brebis :
pélardon, valençay AOP, pouligny-saint-pierre AOP, crottin de Chavignol AOP, pérail…

7. Les pâtes fondues :
cancoillotte, fromages à tartiner…

8. Les pâtes filées :
mozzarella di bufala campana, burrata…

9. Les fromages à pâte fraîche :
brousse du Rove, feta…

10. Les fromages de lactosérum,
appelés aussi « recuites », car fabriquées avec le petit-lait (lactosérum) provenant d'une première fabrication de fromage : le sérac (Savoie), le brocciu (Corse), le greuil (Pays basque et Béarn)…

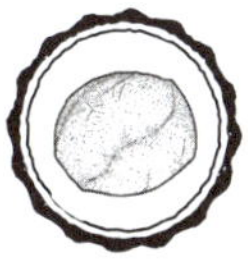

11. Les préparations fromagères
gaperon (ail et poivre), boulette d'Avesnes…

Les accords : que boit-on avec du fromage ?

Pilier de la gastronomie française, le fromage est aujourd'hui mangé à toutes les sauces. Comme nous l'avons vu, cela est lié à l'explosion des nouveaux modes de consommation : on le déguste désormais à l'apéro, en salade, en gratin, en dessert, en plateau à la fin d'un repas, en pique-nique ou même en repas tout fromage... Bref, on l'adore et on le mange à tout moment !

Mais alors, que boire avec le fromage ? On pense immédiatement au vin, car, généralement, aimer le bon fromage au lait cru (que je conseille), c'est aimer le bon vin et vice versa ! On ne nous changera pas, et c'est très bien comme ça. Toutefois, certains accords plus surprenants pourraient vous plaire, comme le mariage du fromage et du thé. Je vous propose quelques alliances gagnantes, loin d'être exhaustives.

FROMAGES ET VINS

Avant tout, à chacun ses préférences ; on fait ce que l'on veut selon ses goûts. Seules règles d'or en gastronomie : expérimenter, innover, tester, goûter et se faire plaisir ! Néanmoins, quelques principes sont à respecter, car il existe tout de même des associations fromages et vins qui fonctionnent mieux que d'autres !

Tordons d'emblée le cou aux idées reçues et aux mauvaises habitudes. On le dit et on l'assume : le vin rouge n'est que rarement le meilleur ami du fromage. Certaines familles de fromages, comme les pâtes persillées (roquefort, fourme d'Ambert...), les pâtes molles à croûtes lavées (mont-d'or, langres, munster...) ou les chèvres, ne s'accordent que très ponctuellement avec les vins rouges, car leurs tanins se heurtent au « bon » gras du fromage (les protéines lactiques), à sa croûte et à ses ferments lactiques. Ils les durcissent et les assèchent, ce qui provoque parfois une sensation désagréable de goût métallique en bouche.

En réalité, c'est bien le vin blanc qui s'accorde le mieux et le plus souvent avec différentes sortes de fromages. Il reste le meilleur allié du fromage. Pas d'inquiétude toutefois : on trouve aussi de très beaux mariages entre vin rouge et fromage, mais ils sont plus rares.

Conseils pour une dégustation parfaite

Si vous hésitez, suivez toujours ce principe : l'accord régional entre un fromage et un vin de même terroir est une valeur sûre. Voici quelques exemples gagnants.

- **Un cidre AOP pays d'Auge demi-sec** sera en parfaite harmonie avec un camembert de Normandie (pâte molle à croûte fleurie).
- **Une fondue ou une raclette** appellent un vin du Jura ou un blanc de Savoie, un rouge léger, une mondeuse...
- **Le munster** (pâte molle à croûte lavée) s'équilibre avec un vin blanc gewurztraminer.
- Quant au **crottin de Chavignol,** qu'il soit affiné/sec, parsemé de sa fleur gris bleuté aux arômes de noisette ou moelleux aux délicats arômes de champignons et de sous-bois, on choisira de le marier à un sancerre blanc ou à un pouilly-fumé, en tout cas un cépage sauvignon, sec, vif et minéral. C'est l'alliance parfaite, une merveille !

Les chèvres et les brebis (les pâtes lactiques excluant les tommes)

On les adore car, comme nous l'avons vu, selon leur affinage, ils offrent une palette aromatique très large. En respectant la grande saison des chèvres (de février-mars à septembre), je les affine presque tous dans mes caves, après les avoir reçus « en blanc », plutôt frais, et je les propose à tous les stades d'affinage : crémeux, entre-deux, secs, extra-secs, extra-forts, voire légèrement confits. Or, selon leur degré d'affinage, les accords varient.

Dans le cas d'un fromage à l'affinage « court », à pâte entre-deux, crémeuse sous croûte ou crémeuse, choisissez :

- un **vin blanc sec** dominé par l'acidité, dit vin vif, nerveux, tendu, aux arômes frais et fruités, tel qu'un sancerre, un pouilly-fumé, un quincy ou encore un petit-chablis ;
- un **vin rosé de Provence** qui s'accorde avec les chèvres frais, peu affinés. Parfait l'été !
- un **champagne** qui apporte finesse et harmonie : un champagne blanc de blancs sur la vivacité aux notes d'agrumes et minérales, ou un champagne rosé aux fines bulles, idéal pour un apéritif délicat, sa fraîcheur en bouche s'accordant parfaitement avec un chèvre crémeux et doux.

Dans le cas d'un fromage à l'affinage plus poussé, à pâte plus serrée et au goût plus prononcé, optez pour :

- un **vin blanc** sec plus gras, rond, comme un cépage chardonnay, qui offre une sensation d'onctuosité en bouche, avec des arômes soyeux de beurre ou de brioche, comme un bourgogne blanc, un meursault, un chassagne-montrachet, un vouvray ou un montlouis demi-sec ;
- en **rouge**, un vin léger de Loire, par exemple, ou bien un côtes-du-jura cépage trousseau, vin rouge éclatant, délicat, élégant, tout en rondeur et en finesse – un cépage peu connu mais à découvrir absolument !

Les pâtes pressées cuites

De texture tendre, moelleuse à dure/ferme, les pâtes pressées cuites, telles que le comté AOP, le beaufort AOP, l'abondance AOP (pâte pressée semi-cuite), le gruyère AOP ou l'emmental IGP, auront une puissance en goût qui variera selon leur affinage : fine, douce, fruitée ou plus corsée.

- En règle générale, un **vin blanc sec** gourmand, riche, aux arômes chauds, aux notes de fruits blancs compotés, de fruits secs et de sous-bois, comme un bourgogne blanc, s'accorde très bien avec ces fromages. Un vin du Rhône ou un languedoc blanc restent un bon choix.
- La sensation de légèreté de la plupart des vins blancs s'accorde en effet parfaitement avec les pâtes pressées cuites, créant un équilibre avec le « bon gras » de ces fromages. Ainsi, un beaufort jeune ou un comté jeune se marieront à merveille avec un vin blanc fruité de Savoie (chignin-bergeron, apremont) ou du Jura.
- Pour les pâtes plutôt jeunes, tournez-vous vers un **vin rouge** léger, peu tannique, avec une structure équilibrée entre acidité et rondeur, à l'instar d'un bourgogne, d'un pinot noir d'Alsace, d'un vin du Jura, d'une mondeuse de Savoie, des vins d'Anjou, de Loire et de Touraine.
- Pour les pâtes dures plus affinées, optez pour un **vin rouge moelleux** (vin doux naturel). Essayez également l'alliance surprenante entre vieille mimolette et vieux saké : ça matche bien !

Les pâtes pressées non cuites

Pour les pâtes pressées non cuites, tels le saint-nectaire, la tomme de Savoie, le reblochon AOP, le salers AOP, le morbier AOP, l'ossau-iraty AOP ou encore les tommes de brebis basques ou du Béarn, plusieurs options s'offrent à vous.

- Un **vin blanc** sec, rond et gourmand conviendra, par exemple un côtes-du-jura, un jurançon, un bourgogne, une roussette-de-savoie, un chignin-bergeron ou un languedoc.
- Avec un salers ou un laguiole AOP « Grand $ » minimum 12 mois d'affinage, on opte pour un **vin rouge** puissant, racé, charnu, gourmand et aux arômes épicés, du type cahors ou languedoc.
- Avec une tomme de brebis, telle qu'un ossau-iraty, un **vin rouge du Sud-Ouest** (un bergerac ou un très beau cahors) fait merveille.
- Bien sûr, on pense aussi à l'accord très réussi entre le saint-nectaire et un bordeaux rouge comme le margaux, qui fonctionne également avec un saint-estèphe, un pessac-léognan ou un saint-émilion.

Les pâtes persillées (les bleus)

Selon la force de la pâte persillée – roquefort AOP, bleu d'Auvergne AOP, bleu de Gex AOP, fourme d'Ambert AOP, fourme de Montbrison AOP, gorgonzola AOP affiné 300 jours... –, on choisira le vin adéquat. Plus le bleu est fort, plus le vin doit être doux, moelleux ou liquoreux.

- Lorsque nous organisons des buffets, nous proposons l'alliance suivante, aussi étonnante que réussie : un roquefort posé sur un pain d'épices légèrement toasté et accompagné d'un **vieux porto blanc** affiné 7 ans en fûts de chêne. Un régal, haut en saveurs !
- Plus classique, on choisit un **blanc demi-sec à moelleux** avec rondeur et sucrosité, comme un premières-côtes-de-bordeaux, un sauternes, un blanc de Touraine, un montlouis, un vouvray ou un coteaux-du-layon.

Les pâtes molles à croûtes lavées

Dans cette catégorie, on trouve le mont-d'or AOP, le pont-l'évêque AOP, l'époisses AOP, le munster AOP, le maroilles AOP ou le langres AOP.

- L'idéal reste un **vin blanc doux**, légèrement liquoreux, aux notes d'agrumes confits, du type riesling ou gewurztraminer.
- Un **vin blanc sec** et rond, gras sur le beurre ou la brioche, s'accorde bien avec un époisses ou un mont-d'or bien affiné. Optez pour un chardonnay du type meursault ou chassagne-montrachet.
- Le langres s'accorde très bien avec un **champagne**, tout comme l'époisses avec un champagne rosé, équilibré, tout en fraîcheur délicate.

Les pâtes molles à croûtes fleuries

Brie de Meaux AOP, brie de Melun AOP, camembert de Normandie AOP, brillat-savarin IGP, saint-félicien… ces fromages lactiques à croûtes fleuries sont subtils et ne s'accordent pas vraiment avec les vins rouges.

- Le chardonnay, en bourgogne, se mariera, lui, très bien avec ces fromages. Choisissez un vin blanc boisé, charpenté, aux arômes de beurre, de crème, de fruits exotiques, comme un meursault ou pouilly-fuissé.
- Si vous souhaitez déguster votre fromage avec un vin rouge, choisissez un rouge léger comme un vin de Loire, un beaujolais ou encore un 100 % pinot noir d'Alsace.
- On apprécie aussi un vin effervescent, délicat et fin, comme un champagne blanc de blancs (champagne exclusivement issu de raisins blancs, 100 % chardonnay). Excellent !

FROMAGES ET THÉS

Pourquoi, en fin de repas, ne pas finir par un mariage entre fromages et thés ? Tout comme les vins, les thés offrent beaucoup de variétés et de crus, et les deux contiennent des tanins, plus ou moins intenses.
Avant toute chose, une exigence absolue : on choisit des thés d'origine, que l'on trouve dans les boutiques spécialisées, et surtout pas des thés aromatisés, de piètre qualité. On vise toujours l'excellence... pour mieux se faire plaisir ! En outre, il est important de varier les thés selon les fromages. Selon qu'ils sont verts, noirs ou blancs, tous les thés ne s'accordent pas avec tous les fromages.

À savoir

- Thé vert : feuilles de thé vert non oxydées.
- Thé blanc : feuilles de thé vert légèrement oxydées (environ 12 % selon la méthode traditionnelle).
- Thé noir : feuilles de thé vert qui ont été complètement oxydées.

Conseils pour une dégustation parfaite

- Le thé sera un peu plus infusé que d'ordinaire.
- Dégustez-le à température moyenne, plutôt tiède, pour ne pas casser les arômes du fromage. On aura ainsi une sensation délicate de légère fonte en bouche.
- On commence par humer le thé pour bien percevoir ses arômes, on boit quelques gouttes, puis on mange un morceau du fromage.

Exemples d'accords thés-fromages

- **Les fromages frais et doux,** comme les chèvres, se marieront parfaitement avec un thé blanc floral, tels le thé blanc au jasmin bio ou le thé blanc *pai mu tan*, qui signifie « pivoine blanche » et offre un parfum légèrement fleuri et fruité. Historiquement produit dans la province côtière du Fujian, située au sud-est de la Chine, ce grand cru légendaire demande le moins de transformation possible après la cueillette, au printemps, et dégage une saveur délicate et subtile. Testez également un délicat chèvre fondant et crémeux avec un lapsang souchong, thé noir fumé originaire de la province du Fujian, ou bien un genmaicha, mélange de thé vert japonais et de riz sauvage soufflé. Étonnant !
- Un **comté** affiné 24 mois minimum (particulièrement le comté de Charles Arnaud, au goût incomparable des hauts plateaux jurassiens, affiné dans la cave emblématique du fort des Rousses) est excellent avec le sencha fukuyu, un thé vert japonais. Les senchas sont des thés aux saveurs rafraîchissantes, qui donnent une tasse aux notes végétales puissantes.
- Un **vieux gruyère suisse** ou une **mimolette extra-vieille** (très friable) s'accorderont bien avec un thé fermenté, le pu-erh, qui porte le nom de sa ville de production, située dans la province du Yunnan en Chine. Les feuilles sont mises à sécher jusqu'à ce qu'elles subissent un phénomène d'oxydation, puis stockées dans un endroit chaud et humide jusqu'à la fermentation. Ce thé dégage des notes fruitées et boisées qui s'accordent parfaitement avec ces types de fromages.
- Un **fromage bleu persillé** vous étonnera avec le darjeeling, thé noir, issu des jardins de Badamtam en Inde, situés à quelques kilomètres de la ville de Darjeeling. C'est un thé assez puissant aux notes boisées et maltées. Vous pouvez aussi associer ce type de fromage à un thé noir de Chine, fleuri et doux.

FROMAGES ET BIÈRES

Si je vous dis « fermentation, conservation, moines, abbayes, monastères... », les liens entre fromages et bières vous sautent aux yeux. Et quand il est question de goût et de plaisir de déguster, impossible de faire l'impasse sur cette alliance réussie !
Blanche, blonde, ambrée, rousse ou brune, les bières locales, artisanales, obtenues à partir de malts bio pour certaines, ni filtrées ni pasteurisées pour d'autres, ont un énorme succès en France depuis plus de 10 ans, et c'est tant mieux ! Les tendances s'orientent vers des bières mûries en barriques, des bières faiblement alcoolisées, présentant une grande variété de goûts, et des bières brassées avec passion et à l'ancrage territorial.

Malt et houblon, quelle est la différence ?

Avant de passer en revue quelques associations qui fonctionnent bien, penchons-nous sur le malt et le houblon, deux composants de la bière. Le houblon, sorte de plante grimpante, apporte l'amertume. Sans sa présence, la bière serait une boisson très sucrée. Selon ses variétés, il confère à la bière différents parfums. Le malt, quant à lui, est une céréale qui a subi le maltage par le brasseur. Cette opération comprend le nettoyage, le trempage, la germination et le touraillage (le malt vert est séché et aromatisé après la germination). En résumé, plus le houblon est concentré, plus la bière sera amère ; le malt, lui, apporte le côté sucré et fait varier la couleur de la bière.

- **Bière blanche** : de couleur jaune pâle avec un aspect légèrement trouble, brassée avec des malts très pâles et des malts de froment. Elle présente des notes délicates fruitées d'agrumes (orange, citron) et légèrement épicées. Légère au palais et rafraîchissante.

- **Bière blonde** : de couleur dorée, blond clair, brassée avec des malts blonds très pâles qui donnent des arômes fruités. Son goût est plus ou moins prononcé selon la fabrication. On l'apprécie pour ses qualités désaltérantes.

- **Bière ambrée** : de couleur roux clair, brassée avec un mélange de malts torréfiés et non torréfiés, ou de malts dits « caramel », c'est-à-dire légèrement roussis. Elle possède des arômes de réglisse, de fruits secs, de noisettes grillées ou de tabac.

- **Bière rousse** : originaire des pays celtiques, elle est brassée avec des malts blonds légèrement touraillés et des malts caramel ou ambrés, ou encore de l'orge grillée non maltée, ce qui lui donne sa couleur. Elle affiche un goût légèrement sucré et malté, des notes de réglisse, de noisettes ou de caramel.

- **Bière brune ou noire** : de couleur sombre, brun acajou, elle est brassée avec un malt très torréfié, ce qui lui apporte une saveur très riche et profonde. Elle offre des arômes de café, de chicorée, de cacao, de pain grillé et, parfois, des notes de bois fumé. Elle laisse une certaine amertume en bouche. Sa mousse est généreuse.

Conseils pour une dégustation parfaite

- Servie fraîche (mais pas glacée), la bière va libérer ses saveurs.
- Le fromage doit être sorti au moins 30 minutes avant sa dégustation.
- Ordre de dégustation : commencez par des fromages et des bières doux pour aller vers des fromages et des bières plus relevés, plus puissants.
- Ni la bière ni le fromage ne doivent dominer. C'est l'assurance d'un parfait équilibre : chacun sa place, chacun son rôle !

Exemples d'accords bières-fromages

- Les **pâtes pressées cuites plutôt jeunes**, du type abondance AOP (6 mois) ou comté AOP (6 à 12 mois), se marient avec une bière blonde houblonnée, herbacée et fruitée. Une bière brune au malt fumé est également un bon choix.
- Les **pâtes pressées cuites affinées**, comme le beaufort d'alpage AOP (12 mois minimum) et le comté AOP (plus de 24 mois d'affinage), s'harmonisent avec une bière brune gourmande (aux notes de cacahuètes grillées, de café et de cacao), ainsi qu'une bière ambrée aux flaveurs de noisettes grillées. On peut aussi opter pour une bière blonde au goût prononcé.
- Les **pâtes pressées non cuites**, comme le reblochon AOP, la tomme de Savoie, le morbier AOP ou le laguiole AOP, attendent une bière plutôt puissante telle qu'une bière brune, pas trop amère. Notez que le reblochon AOP s'accordera bien avec une bière brune douce chocolatée.
- Avec le **fromage frais** (chèvre, brebis peu affiné, doux), dégustez une bière blanche, acidulée, aux notes de fruits exotiques ou d'agrumes pour apporter une belle fraîcheur en bouche.
- Les **pâtes persillées**, du type roquefort AOP et bleu d'Auvergne AOP, aiment les bières goûtues, fortes, ambrées ou brunes.
- Les **pâtes molles à croûte fleurie** (camembert de Normandie, brie de Meaux AOP, brillat-savarin IGP…) s'alignent avec une bière blonde, fraîche et fruitée. Face au camembert de Normandie AOP, une bière ambrée lui tiendra tête.
- Les **pâtes molles à croûte lavée**, telles que le munster ou l'époisses, s'accordent bien avec une bière brune pour ses saveurs de céréales grillées.

Bien évidemment, tout comme pour le vin, rien n'est imposé, rien n'est figé : on expérimente, on innove, on teste, on goûte !

Le plateau de fromages

Présentation, sélection, quantité, dégustation… Je vous livre mes astuces pour composer un plateau réussi, haut en saveur. J'aime proposer des fromages de saison fermiers, issus de petites productions, et je privilégie le lait cru (excellent pour le microbiote, entre autres). Pour assurer l'équilibre de votre plateau de fromages, celui-ci doit présenter différents types de laits (vache, chèvre et brebis) et différentes pâtes (molles, dures et bleues) afin de plaire à tous.

Profitez des merveilles que propose la saison pour étonner vos convives, et fiez-vous aux conseils de votre fromager. Il saura vous guider et vous orienter en fonction de vos goûts – ce qui est valable toute l'année. Le choix est suffisamment vaste pour trouver votre bonheur.

Composer et dresser son plateau de fromages

- Un plateau digne de ce nom comprend **cinq sortes de fromages** au minimum. Ce qui compte, c'est de permettre à vos convives de découvrir différents fromages et de se régaler.
- Au niveau des **quantités**, on compte environ 90 grammes par personne. Votre fromager vous guidera, effectuant une coupe à la demande. On peut choisir d'avoir plusieurs sortes de fromages, présentés en petites et moyennes portions, ou opter pour une sélection plus restreinte, mais proposée en plus grandes portions. Quoi qu'il en soit, le fromage, ça se garde. Ne lésinez donc pas sur les quantités.
- Pour la **sélection**, l'idéal, c'est de varier les types de laits (vache, chèvre, brebis), les textures/pâtes (frais, crémeux, fondant, moelleux, entre-deux, ferme, dur…) ainsi que les puissances (doux/médium/fort). Il faut au minimum une pâte molle (vache ou brebis), une pâte dure (parmi les trois laits : tomme ou abondance, comté, beaufort…) et un chèvre en lactique si la saison le permet. C'est la base.
- Au moment de la dégustation, respectez un **sens croissant d'intensité du goût** : commencez par le fromage le plus frais ou le plus doux et terminez par le plus goûteux, le plus fort, le plus puissant.
- **Sortez vos fromages** du réfrigérateur au minimum 30 minutes avant la dégustation, car le froid casse le goût et durcit les pâtes. Attention toutefois si la pièce est très chauffée : n'exposez pas vos fromages trop en avance, car la chaleur est leur ennemie !
- Un bon plateau, c'est aussi un **beau plateau**. Utilisez votre plus joli plat et n'hésitez pas à le décorer avec des végétaux de saison (feuilles d'eucalyptus, fleurs des champs, branches de sapin, pommes de pin…). Placez des étiquettes sur chaque fromage (demandez-les à votre fromager ou faites-les vous-même) et disposez vos confits ou pâtes de fruits dans des petites verrines.

- **Agencez les fromages** pour les mettre en valeur. Créez du volume en plaçant les plus petits devant les plus grands. Vous pouvez prédécouper certains fromages ou entamer une coupe sur un fromage (pour modèle) afin de faciliter le service, notamment lors d'un buffet.
- **Apportez la touche finale** en parsemant légèrement votre plateau d'amandes, de noix ou d'un mélange de graines pour salade (graines de courge et de tournesol, pignons de pin, pistaches, etc.). C'est prêt à déguster !

Plateau spécial fêtes de fin d'année

S'il y a bien un moment dans l'année où il faut se régaler avec tous nos fromages, c'est sans aucun doute à Noël. Alors on y va, on ne recule devant rien !

- Les **pâtes molles** : un mont-d'or AOP, un vacherin de chèvre, un brie à la truffe fraîche, un « savarin aux truffes* », un époisses, un « Drappier* » (camembert de Normandie AOP affiné dans le marc de champagne de la maison Drappier) ou un « Clos Montmartre* » (camembert de Normandie AOP et sa croûte de cendre obtenue à partir de sarments de vigne).
- Les **pâtes dures**, douces ou fruitées selon vos préférences : un beaufort chalet d'alpage (goût sur le beurre), le fameux gruyère suisse ou L'Etivaz, très aromatique.
- Les **persillés/bleus** : parmi les doux, on peut choisir un bonneval, une fourme d'Ambert AOP ou un gorgonzola crémeux. Les entre-deux comprennent le bleu d'Auvergne fermier ou le shropshire. Enfin, chez les plus forts, un grand classique que l'on adore : le roquefort de la maison Carles, mais aussi un carublu (macéré dans le rhum, avec une croûte de cacao) ou un bleu des Bois (ce bleu de chèvre possède une étonnante croûte de fruits des bois).
- Un **brebis** : comme la saison des brebis redémarre pour certains producteurs, vous pouvez opter pour un fromage frais ou un crémeux, du type pérail ou lingot de Cocagne.
- Un **chèvre** : soit un chèvre sec, soit une tomme de chèvre fermière au lait cru. Attention toutefois avec les fromages de chèvre car, de novembre à février, c'est la basse saison ! On optera plutôt pour des tommes de chèvre ou bien des chèvres secs (2 à 3 mois d'affinage).

Les associations réussies

Pour agrémenter votre plateau de fromages, pensez non seulement aux confits et aux miels (mûrier, fleurs de carotte...), mais aussi aux pâtes de fruits artisanales (myrtille, poire, verveine, etc.), sans cristaux de sucre ajoutés.

Le pain aux figues et aux amandes (disponible chez votre fromager ou en épicerie fine) magnifiera des tommes de chèvre, de brebis, des gruyères suisses ou encore du beaufort AOP.

* Créations de la fromagerie Chez Virginie, Paris.

Couper le fromage dans les règles de l'art

Le fromage, on en prend soin, on le sert bien, mais avant tout, on le coupe bien ! Et à chaque fromage sa coupe. Passons en revue les principaux types de coupes selon les formes de fromages.

- Les **ronds** : on coupe en quartiers, en partant du centre.
- Les **cylindres** (chèvre charolais, crottin...) et les **pyramides** (valençay) : on coupe en portions fines et allongées dans toute la hauteur du fromage.
- Les **bûches** : on coupe en rondelles régulières. Dans le cas du sainte-maure-de-Touraine AOP, retirez délicatement la paille après avoir découpé les premières rondelles.
- Les **carrés** : on coupe d'abord en diagonale puis en quartiers, en partant du cœur vers l'extérieur.
- Les **parts** (comté, ossau-iraty...) : on commence par couper des morceaux dans le sens de la largeur (chaque portion aura une croûte de chaque côté), puis arrivé au 2/3 du morceau, on coupe dans le sens inverse, sur la longueur.
- Les **grandes pointes** (brie, morbier...) : on coupe quelques portions sur la pointe, puis on coupe des portions sur la longueur.
- Les **affinés très crémeux et coulants** (mont-d'or, époisses...) : on se sert à la cuillère.

Astuces

- Pour assurer une coupe régulière et propre des fromages, utilisez vos deux mains.
- Pour une présentation nette et appétissante, servez le fromage avec deux couteaux ou un couteau et une spatule.
- Si le fromage est entier, la coupe part du cœur ; s'il est en portion, la coupe s'effectue de la pointe vers l'extérieur.

Et la croûte, on la mange ?

Oui, pour la plupart des fromages ! La croûte garantit l'identité du fromage, elle lui donne son goût, portant toutes les fleurs d'affinage, donc les arômes. Mais, là encore, c'est une affaire de préférences. En revanche, pour les pâtes pressées cuites, du type comté, beaufort, abondance (pâte semi-cuite) ou gruyère suisse, on ne mange pas la croûte. Cependant, certains addicts la mangent et l'adorent. Chacun fait bien ce qui lui plaît !

Bien conserver le fromage

Conseils de conservation

Pour préserver toutes les qualités organoleptiques des fromages, il s'agit de les conserver au bon endroit et à bonne température. Dès l'achat, on les place au froid, dans le réfrigérateur, en les laissant dans le papier d'emballage fourni par votre fromager. De préférence, mettez-les dans le bac à légumes (la partie la moins froide du réfrigérateur) : cela permet de les « bloquer », comme on dit dans notre jargon, c'est-à-dire qu'ils ne s'affinent plus, ne bougent plus.

Pour les amoureux des fromages ou pour prolonger leur durée de conservation, il existe dans le commerce des « boîtes à fromages pour frigo » ou « caves à fromages familiales », qui sont parfaites pour conserver vos merveilles dans les meilleures conditions. Elles préservent la fraîcheur et la texture des fromages, gardent les saveurs et stoppent les odeurs. Nous les avons testées, nous validons ! Mais une simple boîte hermétique fait aussi l'affaire.

Acheter ses fromages chez son fromager, c'est également s'assurer qu'ils seront déjà affinés, à point, prêts à être dégustés. On ne s'improvise pas affineur !

Comme nous l'avons vu, il est important de sortir ses fromages 30 minutes avant de les manger. Le froid, voire le « trop froid », bloque les arômes et les saveurs. Le fromage au lait cru est un produit vivant qui doit s'aérer et respirer, tout comme le vin. Notons une exception, toutefois, pour le comté de plus de 36 mois : il se déguste plutôt frais, quasiment à la sortie du réfrigérateur. En effet, ses cristaux de tyrosine (communément appelés, à tort, « cristaux de sel ») ne supportent pas trop la chaleur. Sorti trop en avance, le fromage deviendrait trop salé, voire légèrement piquant, et cela masquerait totalement la large et subtile palette aromatique de cet exceptionnel vieux comté (torréfié, cuir…).

Pour les déjeuners d'été dans le jardin, veillez à ne pas laisser vos fromages au soleil ; trouvez-leur plutôt un coin ombragé. De même, ne les oubliez pas dressés sur leur plateau durant tout un dîner. Certains crémeux, par exemple, ne supportent pas la chaleur ambiante d'une pièce. Ils doivent garder une « certaine tenue et une certaine fraîcheur ». De plus, en hiver, le chauffage est l'ennemi du fromage !

Le fromage qui voyage : les solutions

L'idéal, c'est le sous-vide et la mise au frais. Demandez à votre fromager d'emballer les fromages sous vide, puis conservez-les, selon la durée de votre déplacement, dans un sac isotherme ou une glacière munie d'un CoolPack®.

Pour les plus longs voyages, notamment en avion, le principe est le même : placez les fromages dans votre bagage de soute au dernier moment. Ne les mettez pas dans votre bagage cabine : les fromages, détectables, risquent d'être confisqués et détruits.

N'hésitez pas à vous renseigner auprès de votre fromager pour connaître les fromages les plus aptes à survivre à un voyage. Certains, trop frais, trop crémeux ou trop fragiles, ne résisteront pas.

Enfin, dès l'arrivée, ne pensez qu'à une chose : vos fromages ! Sortez-les de leur emballage sous vide, placez-les au réfrigérateur (3 à 4 °C) dans leur emballage d'origine fourni par le fromager.

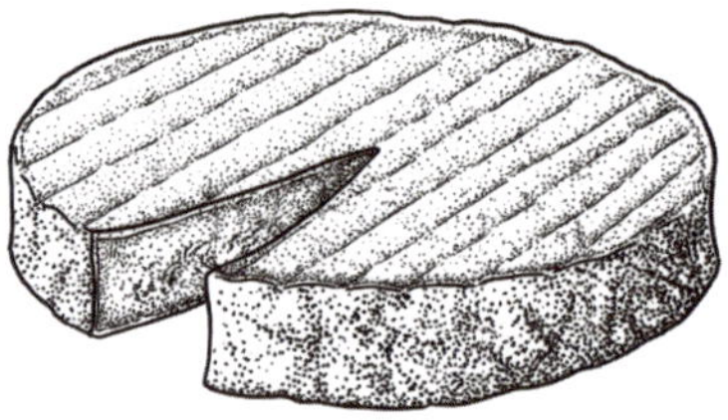

Repères de quantités

- **Pour une fin de repas**, comptez environ 80 à 90 grammes de fromage par personne. Normalement, une portion de fromage dans une assiette équivaut à 30 grammes environ.

- **Pour un repas tout fromage**, comptez environ 200 grammes par personne. Misez plutôt sur la variété, plus sympa pour favoriser les découvertes et passer un moment de dégustation convivial.

- **Pour un apéro dînatoire ou un buffet** mixant fromages et autres mets, comptez environ 120 à 150 grammes par personne.

- **Pour une soirée, une fête, un brunch ou un pique-nique**, selon le nombre de personnes, on peut tout à fait miser sur un unique et beau fromage, de saison et au lait cru.

- **Pour une raclette**, on prévoit 200 à 250 grammes pour un mangeur classique, et on n'hésite pas à monter à 300 grammes pour les gourmands si l'on veut vraiment se faire plaisir. Là encore, favorisez le plaisir de la découverte en sélectionnant plusieurs sortes de fromages à raclette.

- **Pour une fondue**, on décroûte d'abord le fromage (perte d'environ 10 %), puis on le coupe en petits dés ou on le râpe, en prévoyant 300 grammes par personne. L'important est de se faire plaisir ! Et, surtout, on choisit un bon vin blanc pour la préparation plutôt qu'un vin ordinaire : la fondue n'en sera que meilleure (voir p. 120) !

Rien ne se perd, tout se cuisine !

La transformation

Si vous avez prévu large et qu'il vous reste des « croûtes » ou des morceaux isolés, ne les jetez pas ! Sacrilège ! On garde tout et on cuisine ces vestiges de fromages. Les recettes ne manquent pas : gratins, burgers, salades, tartines chaudes, pâtes gratinées... Ceux qui ont des poules seront ravis d'apprendre qu'elles en raffolent !

La congélation

Peut-on congeler le fromage ? Sur le principe, non ! Cela change la texture, les arômes subtils d'un fromage au lait cru, son goût, sa finesse, etc. Ce serait dommage de lui faire perdre toutes ses qualités organoleptiques. Toutefois, on pourrait faire deux entorses à cette règle : la première avec les fromages de fonte, comme les fromages à raclette, dont les tranches résistent pas mal au sacrilège de la congélation. C'est toujours mieux de les congeler que de les jeter ! La seconde concerne nos amis globe-trotteurs et expatriés : ceux-là n'ont pas le choix et sont bien contents de congeler leurs fromages pour pouvoir les déguster à l'autre bout du monde. D'ailleurs, pour prolonger les dégustations, faites différents paquets sous vide en diversifiant les fromages, placez-les au congélateur et sortez-les au fur et à mesure de votre séjour.

J'aimerais bien savoir...

Quel fromage conseiller en cas d'intolérance au lactose ?

Certains d'entre nous ne supportent pas le lactose, ce sucre naturellement présent dans tous les laits. Consommez alors les fromages affinés qui contiennent peu (à l'état de traces) ou pas de lactose, car celui-ci se dégrade et s'élimine pendant l'affinage.

Vous êtes enceinte et vous adorez le fromage ?

Pas de panique, vous pouvez vous régaler avec les fromages au lait pasteurisé ainsi qu'avec les fromages au lait cru à pâtes pressées cuites, comme le comté AOP ou le beaufort AOP. Pensez toutefois à ôter systématiquement la croûte.

En cas de régime, peut-on manger du fromage?

Il est possible de préserver le plaisir de manger tout en surveillant sa ligne : tout est question de quantité, car le fromage a un bon rapport calcium/calories. C'est grâce à sa diversité qu'une alimentation est équilibrée. Pas question, donc, de supprimer totalement les fromages !

N'oublions pas que le fromage est une protéine. Il vaut mieux le manger soit le matin, soit en repas accompagné de légumes et/ou de crudités plutôt qu'après un repas où l'on risque alors de doubler la dose de protéines.

Enfin, on adore déguster du fromage avec du pain, bien sûr. Mais, là encore, si l'on doit surveiller sa ligne, on remplace le pain par des feuilles de salade, de menthe ou de basilic, ou on utilise des feuilles de shiso roulées en wrap. Résultat : plein de saveurs et zéro kilo en trop !

Quelle est la teneur en matière grasse d'un fromage ?

La teneur en matière grasse (MG) est variable selon les fromages. On note que les fromages frais sont les moins gras. Il en est de même pour les crémeux et les pâtes molles, comme le brie, le camembert de Normandie AOP, le soumaintrain ou encore le pont-l'évêque : ce sont des fromages moins caloriques car « humides ». À l'inverse, les pâtes pressées cuites contiennent moins d'humidité et sont donc plus riches en matières grasses et en calcium.

Enfin, sachez que, désormais, le taux de matière grasse affiché sur l'étiquette est celui du « produit fini » et non plus celui de la « matière sèche » (une mesure qui ne prenait pas en compte l'eau contenue dans le fromage). Cela signifie, par exemple, qu'un camembert de Normandie, qui était auparavant étiqueté 45 % de MG sur matière sèche, mentionne dorénavant un taux de 21 %, soit la réelle quantité de MG dans la part de fromage.

Existe-t-il des fromages « dignes de ce nom » sans sel ?

Malheureusement, non, car le lait contient naturellement du sodium (environ 45 mg pour 100 ml), la teneur pouvant légèrement varier selon l'espèce animale.
De plus, sans sel, impossible de fabriquer un fromage. Le sel joue plusieurs rôles essentiels : il permet la formation de la croûte, assure le goût/l'arôme du fromage, sa conservation, sa protection et son affinage.

Alors, quels sont les moins salés ?

- **Les fromages frais** (fromage blanc de campagne ou lisse fermier, chèvre frais) contiennent peu de sel ajouté.
- **La ricotta** contient seulement 0,3 g de sel pour 100 g (une portion de fromage équivaut à 30 g environ).
- Parmi les pâtes dures, **l'emmental** se classe en première position. Il est pauvre en sel avec seulement 0,5 g en moyenne pour 100 g de fromage. **Le comté** arrive derrière avec environ 0,7 à 0,8 g de sel en moyenne pour 100 g de fromage.

Vous l'aurez compris, tout est question de quantité : vous pouvez vous faire plaisir avec de petites portions. Et, pour l'apéro ou en grignotage, pensez toujours au fromage, c'est ce qu'il y a de moins salé !

Conclusion

Même si nous sommes de plus en plus soucieux de notre alimentation, que nous voulons plus saine, authentique et avec plus de traçabilité, marquant une nette préférence pour le « mieux manger », notre patrimoine est en péril. Chaque année, nous perdons 3 % des terres agricoles, ce qui signifie qu'il y a moins de producteurs, donc moins de diversité fromagère et moins de richesse.

Cependant, nous avons la chance d'avoir des producteurs motivés, jeunes, qui proposent des fromages incroyables tout en alliant technologie laitière, bien-être animal et préservation de l'environnement. Bien sûr, lorsqu'on respecte tous ces facteurs – qui devraient être la base de notre agriculture mais qui sont loin de l'être –, cela engendre des coûts supérieurs à ceux des élevages intensifs. Il faut pourtant choisir notre avenir. À l'heure du développement durable, chaque consommateur qui souhaite la pérennité de la filière doit intégrer qu'il faut rémunérer correctement les producteurs. Derrière un prix, il y a tout leur travail. On ne peut pas cautionner la dévalorisation d'un travail ancestral. L'alimentation représente aujourd'hui environ 20 % du budget d'un foyer contre 50 % dans les années 1960. Il s'agit d'accepter le prix juste pour une alimentation saine et responsable. Certes, les priorités ont changé. Cependant, bien se nourrir en respectant les animaux reste un des enjeux fondamentaux de demain. D'autant que cuisiner avec des produits frais et sains permet d'économiser 30 % sur son budget alimentation.

Saviez-vous que la vente de fromages dans des commerces traditionnels spécialisés ne représente qu'à peine 3 % de la consommation de fromage ? Eh oui, vous l'avez bien compris, en France, pays du fromage, près de 97 % de la consommation fromagère se fait par la biais de la grande distribution et ses différents formats ! Alors, je ne peux que vous encourager à fouler le sol de nos fromageries : nous sommes là pour vous conseiller en toute bienveillance. L'écoute, le conseil, le partage, la convivialité : voilà les raisons d'être de nos magasins de proximité !

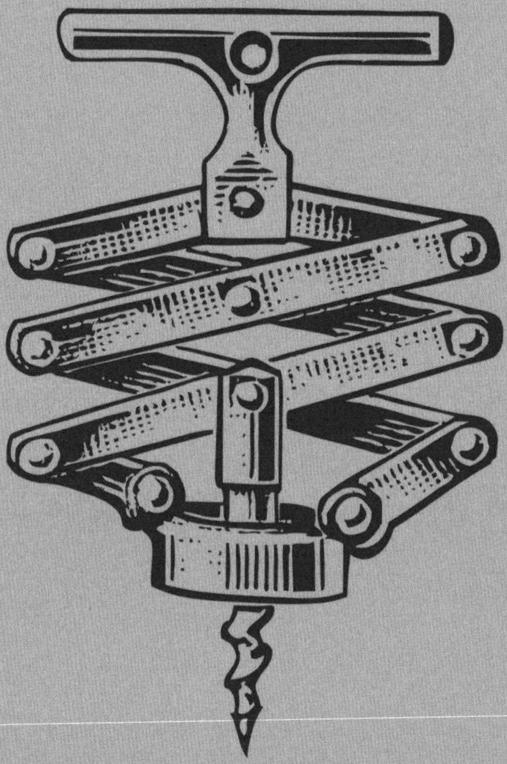

À L'APÉRO

CHAUDS, CHAUDS, LES CAMEMBERTS !

Pour **6 personnes** • Préparation **10 min** • Cuisson **15 min**

2 camemberts de Normandie AOP et leurs boîtes en bois

100 g de lardons coupés fins

2 gousses d'ail

5 tiges de persil plat

12 feuilles de laurier

Poivre parfumé (de Kampot, du Sichuan…) moulu

Quelques gouttes de calvados

Piment d'Espelette

1 Préchauffez le four à 180 °C (th. 6).

2 Dans une poêle, faites revenir les lardons sans ajouter de matière grasse sur feu moyen pendant 2 minutes. Égouttez pour retirer la graisse et réservez.

3 Pelez et hachez l'ail. Émincez le persil. Mélangez-les dans un petit bol.

4 Coupez l'un des camemberts dans son épaisseur sur 1 cm en conservant le chapeau. Mettez-y les lardons, l'ail et le persil. Poivrez très généreusement, puis refermez le camembert avec son chapeau. Replacez-le dans sa boîte et enveloppez le tout de papier aluminium.

5 Réalisez plusieurs incisions dans le second camembert à l'aide d'un couteau, et glissez-y les feuilles de laurier. Poivrez généreusement, versez le calvados sur le fromage et saupoudrez de piment d'Espelette. Replacez le camembert dans sa boîte et enveloppez le tout de papier aluminium.

6 Enfournez les deux camemberts pour 15 minutes. Servez-les accompagnés de gressins, de tartines grillées, de crackers ou encore de légumes crus.

Le conseil de Virginie — Fromagère Affineuse — depuis 1966

Faites honneur aux origines normandes de ce fromage en garnissant un des camemberts de pommes caramélisées et de dés de boudin noir !

MONT-D'OR CHAUD

Pour **4 personnes** • Préparation **5 min** • Cuisson **15 min**

2 monts-d'or AOP et leurs boîtes en bois
1 gousse d'ail
5 cl de vin blanc de Savoie
1 bouchon de génépi
1 c. à c. de thym en poudre
1 pincée de cumin
Poivre parfumé (de Kampot, du Sichuan...) moulu

1 Préchauffez le four à 180 °C (th. 6).

2 Pelez et hachez l'ail. Sans les sortir de leurs boîtes, décalottez les monts-d'or dans leur épaisseur sur 1 cm en conservant le chapeau. Versez-y le vin et le genépi. Ajoutez l'ail, le thym et le cumin, puis poivrez généreusement. Mélangez légèrement. Refermez les monts-d'or avec leurs chapeaux et placez les couvercles en bois sous leurs boîtes (ils feront office de socles). Enveloppez les bases de papier aluminium pour éviter les coulures, puis enfournez pour 15 minutes.

3 Dégustez-les chauds accompagnés de pommes de terre cuites à l'eau, de saucisse de Morteau et d'une salade verte pour un plat presque light !

Le Conseil de Virginie – Fromagère Affineuse – depuis 1966 –

Avant de les sortir du four, vérifiez la cuisson à l'aide de la pointe d'un couteau : l'intérieur doit être liquide et le dessus bien croustillant.

Variantes :
Vous pouvez aussi les servir avec une belle assiette de charcuterie ou encore un assortiment de légumes vapeur légèrement croquants (carottes, choux romanesco, fenouil...). N'hésitez pas à ajouter quelques herbes fraîches, comme la coriandre, la ciboulette ou le shiso.

CAKES AU PECORINO AU POIVRE ET AUX RAISINS SECS

Pour **4 à 6 personnes** • Préparation **15 min** • Cuisson **15 à 20 min**

200 g de pecorino au poivre
100 g de pignons de pin
3 œufs
50 g de beurre fondu
+ un peu pour les moules
200 g de farine
+ un peu pour les moules
½ sachet de levure chimique
10 cl de crème fraîche liquide entière
60 g de raisins secs
Sel et **poivre** du moulin

1 Préchauffez le four à 180 °C (th. 6).

2 Dans une poêle, torréfiez les pignons sans ajouter de matière grasse sur feu vif, jusqu'à ce qu'ils soient bien dorés. Réservez.

3 Râpez le pecorino. Dans un saladier, battez les œufs avec le beurre. Ajoutez une grosse pincée de sel et poivrez. Ajoutez la farine et la levure, puis mélangez bien. Sans cesser de battre, incorporez la crème fraîche puis le pecorino, les raisins et les pignons de pin.

4 Beurrez et farinez des moules à cake individuels. Remplissez-les aux deux tiers de pâte, puis enfournez-les pour 15 à 20 minutes.

5 Laissez les cakes tiédir avant de les démouler. Servez-les tièdes ou froids.

Le Conseil de Virginie – Fromagère Affineuse – Depuis 1946

Vous pouvez, bien sûr, opter pour un pecorino nature. Dans tous les cas, le fromage doit être plutôt jeune, ma préférence allant pour un 6 mois d'affinage.

Tartinade de brillat-savarin aux fruits secs

Pour **6 personnes** • Préparation **10 min**

400 g de brillat-savarin IGP
10 abricots secs
12 noisettes
1 gousse d'ail
3 c. à s. de crème liquide
1 c. à c. de thym sec
Poivre parfumé moulu
1 c. à s. de baies roses

1 Coupez le fromage en petits morceaux. Détaillez les abricots secs en petits cubes. Décortiquez et concassez les noisettes. Pelez et hachez finement l'ail.

2 Dans une poêle, torréfiez les noisettes à sec 2 minutes sur feu moyen. Réservez.

3 Mettez les morceaux de fromage dans un bol. Écrasez-les à la fourchette tout en ajoutant la crème liquide. Ajoutez les abricots secs, les noisettes torréfiées, l'ail, le thym et les baies roses. Poivrez.

4 Étalez cette préparation sur des tartines de pain complet grillées ou des rondelles de radis noir.

Le Conseil de Virginie – Fromagère Affineuse – depuis 1946

Choisissez un brillat-savarin plutôt frais, car plus il est affiné, plus il est fort en goût. Pour la découpe, je vous conseille d'utiliser une lyre à foie gras (petit modèle).

ACIER
CARBONE

RILLETTES MINUTE DE POULET RÔTI AU ROQUEFORT

Pour **6 personnes** • Préparation **15 min** • Cuisson **3 min**

½ poulet rôti encore tiède

150 g de lardons nature sans la couenne

½ botte d'estragon

1 gousse d'ail

1 c. à s. de fromage blanc

100 g de roquefort

Sel et **poivre** du moulin

1 Hachez les lardons finement. Dans une poêle antiadhésive, faites-les revenir à sec 5 minutes sur feu vif. Réservez.

2 Lavez et séchez l'estragon. Pelez l'ail. Découpez le poulet rôti, retirez la peau puis hachez-le grossièrement au couteau. Mettez les morceaux dans un saladier, puis ajoutez l'estragon, les lardons, l'ail et le fromage blanc. Salez, poivrez et mélangez. Laissez reposer jusqu'à complet refroidissement.

3 Coupez le roquefort en petits cubes. Ajoutez-les à la préparation et mélangez délicatement. Placez au frais environ 15 minutes avant de servir.

Le Conseil de Virginie
Fromagère Affineuse
- DEPUIS 1946 -

Si vous aimez les fromages moins puissants, vous pouvez remplacer le roquefort par un chèvre doux ou une fourme d'Ambert.

BEIGNETS DE SCAMORZA PANÉS

Pour **4 personnes** • Préparation **15 min** • Cuisson **10 min**

2 scamorzas
50 cl d'huile neutre
80 g de farine
3 jaunes d'œuf
1 c. à c. de cumin en poudre
100 g de chapelure
1 c. à s. de graines de sésame
Poivre

1 Faites chauffer l'huile dans une casserole ou une friteuse.

2 Pendant ce temps, coupez les scamorzas en 4 ou 6 bâtonnets. Préparez 3 bols : dans le premier, mettez la farine. Dans le deuxième, battez les jaunes d'œuf avec 1 cuillerée à soupe d'eau, puis ajoutez le cumin. Dans le troisième bol, mélangez la chapelure avec les graines de sésame. Poivrez.

3 Trempez chaque bâtonnet dans chaque bol : d'abord dans la farine, puis dans les jaunes d'œuf et enfin dans la chapelure. Tapotez pour supprimer l'excédent.

4 Faites frire les bâtonnets 5 minutes, jusqu'à ce que la chapelure soit bien dorée, puis déposez les beignets sur du papier absorbant. Dégustez-les chauds ou tièdes.

Le Conseil de Virginie

Bien évidemment, c'est meilleur avec de la chapelure maison, si on a le temps de la préparer. Le cumin peut être remplacé par du piment d'Espelette, du ras el-hanout, du thym, etc.

SABLÉS AU L'ÉTIVAZ ET AU PIMENT DOUX

Pour **30 sablés** • Préparation **15 min** • Repos **1 h** • Cuisson **12 à 15 min**

80 g de L'Étivaz AOP râpé

180 g de farine
+ un peu pour le plan de travail

150 g de beurre mou en morceaux

1 c. à c. de poivre moulu

1 c. à c. de piment d'Espelette

1 grosse pincée de sel

1 Préchauffez le four à 180 °C (th. 6).

2 Dans un saladier, mélangez la farine et le beurre mou à la main. Ajoutez L'Étivaz, le poivre et le piment d'Espelette. Formez une boule et laissez reposer au frais 1 heure.

3 Recouvrez une plaque à four de papier sulfurisé. Sur un plan de travail fariné, étalez sur 4 mm la pâte au rouleau. Découpez les sablés à l'aide d'emporte-pièce, puis disposez-les sur la plaque.

4 Enfournez pour 12 à 15 minutes en surveillant la fin de cuisson. Laissez refroidir avant de déguster. Les sablés se conservent jusqu'à 10 jours dans une boîte métallique.

Le conseil de Virginie – Fromagère Affineuse – depuis 1966 –

Fabriqué uniquement en alpage en chalet, le merveilleux L'Étivaz AOP tire son nom du village éponyme. Sa recette ancestrale, qui inclut une cuisson au chaudron au feu de bois, en fait l'un des fleurons des gruyères suisses. Vous pouvez toutefois le remplacer par un gruyère suisse d'alpage, de type Fribourg.

Cake au persillé de Tignes, boudin noir et ciboulette

Pour **4 à 6 personnes** • Préparation **15 min** • Cuisson **35 à 40 min**

200 g de persillé de Tignes

100 g de comté râpé jeune (12 ou 18 mois d'affinage)

150 g de boudin noir sans la peau

1 bouquet de ciboulette

3 œufs

50 g de beurre fondu + un peu pour le moule

200 g de farine + un peu pour le moule

½ sachet de levure chimique

10 cl de crème fraîche liquide entière

Sel et **poivre** du moulin

1 Préchauffez le four à 180 °C (th. 6).

2 Coupez le persillé de Tignes en morceaux. Détaillez le boudin en gros cubes. Émincez la ciboulette.

3 Dans un saladier, battez les œufs avec le beurre fondu. Ajoutez une pincée de sel et poivrez. Ajoutez la farine et la levure, et mélangez bien. Sans cesser de battre, incorporez la crème fraîche puis le comté, le boudin, le persillé et la ciboulette.

4 Beurrez et farinez un moule à cake. Versez-y la pâte et enfournez pour 35 à 40 minutes.

5 Laissez reposer le cake quelques minutes avant de le démouler. Servez-le chaud ou tiède.

Le Conseil de Virginie — Fromagère Affineuse — Depuis 1946

Le persillé de Tignes, spécialité de la vallée savoyarde de la Tarentaise fabriquée à partir de laits de vache et de chèvre, est un fromage exceptionnel et rare. Bien qu'elle soit qualifiée de « persillée », sa pâte blanche et granuleuse est d'une finesse remarquable. Si vous n'en trouvez pas, optez pour une tomme de chèvre fermière au lait cru pas trop sèche.

GOUGÈRES AU REBLOCHON

Pour **20 gougères** • Préparation **20 min** • Cuisson **15 à 20 min**

1 reblochon fermier AOP
150 g de comté jeune râpé
80 g de beurre
1 pincée de sucre
1 pincée de sel
125 g de farine
3 œufs

1 Préchauffez le four à 200 °C (th. 6-7).

2 Dans une grande casserole, faites chauffer 25 cl d'eau avec le beurre, le sel et le sucre. Lorsque le beurre a fondu et que l'eau bout, versez la farine en une seule fois et mélangez aussitôt à l'aide d'une cuillère en bois. Continuez ainsi jusqu'à ce que la pâte forme une boule et n'adhère plus à la cuillère ni à la casserole.

3 Hors du feu, incorporez les œufs un à un en mélangeant bien après chaque ajout (la boule doit se reformer). Ajoutez le comté râpé.

4 Recouvrez une plaque à four de papier sulfurisé. Mettez la pâte à choux dans une poche à douille et formez les gougères en les disposant directement sur la plaque. Enfournez pour 15 à 20 minutes sans ouvrir la porte pour ne pas faire retomber la pâte.

5 Pendant ce temps, préparez 20 morceaux de reblochon pour garnir chaque gougère, en retirant la croûte.

6 Une fois qu'elles sont sorties du four, laissez les gougères tiédir. Ouvrez-les en deux et insérez un morceau de reblochon. Servez aussitôt ou repassez les gougères au four 2 minutes afin que le fromage soit bien fondant.

Le Conseil de Virginie — Fromagère Affineuse — Depuis 1946

*Je vous recommande un reblochon fermier. Sa pâte, plus gourmande, est également bien plus savoureuse. Son nom, apparu au XVI*e *siècle, vient de l'expression savoyarde « reblocher », qui signifie « traire une deuxième fois ». À cette époque, les propriétaires des alpages, souvent des abbayes, taxaient les fermiers sur la quantité de lait récoltée. Pour y échapper, ces derniers se sont alors mis à fabriquer clandestinement un fromage avec la deuxième traite du soir : le reblochon était né.*

ALLUMETTES CROUSTILLANTES

Pour **30 à 35 allumettes** • Préparation **5 min** • Cuisson **10 à 12 min**

80 g de meule du skieur ou beaufort 12 à 18 mois d'affinage AOP

1 jaune d'œuf

2 pâtes feuilletées prêtes à l'emploi

40 g de beurre fondu

1 c. à s. de graines de sésame

Piment d'Espelette

Poivre du moulin

1 Préchauffez le four à 180 °C (th. 6).

2 Râpez finement le beaufort. Dans un petit bol, diluez le jaune d'œuf avec 1 cuillerée à café d'eau.

3 Tartinez l'une des deux pâtes feuilletées de beurre fondu. Parsemez de beaufort râpé, poivrez, puis recouvrez avec la seconde pâte. Pressez légèrement à l'aide d'un rouleau.

4 Recouvrez une plaque à four de papier sulfurisé. Coupez la pâte en bandes de 2 cm de large et de 8 à 10 cm de long environ, et disposez celles-ci sur la plaque. Torsadez les bandes, badigeonnez-les de jaune d'œuf, puis saupoudrez-les de graines de sésame et de piment d'Espelette.

5 Enfournez pour 10 à 15 minutes. Au sortir du four, inutile d'attendre que les allumettes refroidissent pour les déguster, elles sont délicieuses encore chaudes !

Le Conseil de Virginie – Fromagère Affineuse – Depuis 1966

Pour cette recette, si vous optez pour un beaufort, privilégiez un beaufort de chalet d'alpage, fabriqué en été. Ce dernier est plutôt rare, car seuls quelques fermiers le produisent encore de manière traditionnelle entre juin et octobre, à plus de 1500 mètres d'altitude. Là, la flore y est extrêmement riche, ce qui explique son goût plus intense.

TUILES DE PARMESAN AU CUMIN

Pour **20 tuiles** • Préparation **5 min** • Cuisson **8 min**

300 g de parmigiano reggiano AOP râpé

1 c. à s. de farine

2 pincées de cumin

1 Préchauffez le four à 200 °C (th. 6-7).

2 Recouvrez une plaque à four de papier sulfurisé. Dans un petit saladier, mélangez le parmesan râpé, la farine et le cumin.

3 Disposez la préparation en petits tas sur la plaque en les espaçant de 2 cm. Enfournez pour 5 à 10 minutes en surveillant la fin de la cuisson.

4 Au sortir du four, disposez aussitôt les tuiles quelques secondes sur un rouleau à pâtisserie à l'aide d'une spatule. Ne tardez pas, elles refroidissent vite ! Les tuiles se consomment rapidement, elles ne se conservent pas plus d'une journée.

Le conseil de Virginie — Fromagère Affineuse — depuis 1946

Incontournable de la gastronomie italienne, le parmigiano reggiano AOP se cuisine très facilement. Pour remplacer le cumin, les possibilités sont infinies : tomates séchées en petits morceaux, herbes de Provence, tout petits morceaux de chorizo ou de jambon Serrano....

Wraps de fromage de brebis aux herbes fraîches

Pour **4 personnes** • Préparation **10 min**

300 g de fromage extra-frais de brebis

1 botte de ciboulette

1 botte de menthe

1 botte de basilic

1 gousse d'ail

1 pincée de sel

1 pincée de cumin

1 c. à s. de baies roses entières

4 fajitas de blé

Poivre du moulin

1 Lavez la ciboulette, la menthe et le basilic, puis essorez-les à l'aide d'une essoreuse à salade. Émincez la ciboulette. Supprimez les tiges principales du basilic et de la menthe. Pelez et hachez la gousse d'ail.

2 Dans un petit saladier, mélangez le fromage frais avec l'ail et la ciboulette. Ajoutez le sel, le cumin et les baies roses. Poivrez.

3 Préparez chaque fajita ainsi : disposez quelques feuilles de menthe et de basilic, ajoutez un quart de la préparation au fromage et roulez la fajita sur elle-même. Maintenez-la fermée avec un cure-dent, puis placez-la au réfrigérateur pendant 1 heure.

4 Coupez les fajitas en deux ou en plusieurs tronçons, et dégustez.

Le Conseil de Virginie – Fromagère Affineuse – depuis 1966 –

Vous pouvez aussi utiliser de la ricotta de brebis, du brocciu frais ou encore du chèvre extra-frais.

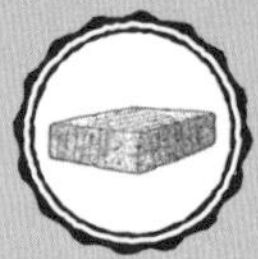

BOUCHÉES DE PAIN D'ÉPICES À L'ÉPOISSES

Pour **6 personnes** • Préparation **15 min**

1 époisses crémeux (mais pas trop fort) AOP

½ pain d'épices

30 g de pistaches décortiquées

4 abricots secs

Poivre du moulin

1 Coupez le pain d'épices en demi-tranches. Concassez les pistaches. Coupez les abricots en petits dés. Détaillez l'époisses en tranches fines.

2 Dans un bol, écrasez les tranches d'époisses. Ajoutez les abricots, les pistaches et mélangez. Poivrez généreusement.

3 Tartinez cette préparation sur chaque demi-tranche de pain d'épices grillée. Dégustez sans attendre.

BOUCHÉES DE POIRES À LA FOURME D'AMBERT

Pour **6 personnes** • Préparation **15 min**

1 fine tranche de fourme d'Ambert AOP

1 c. à s. de crème fraîche épaisse

30 g de baies de goji ou de cranberries

Quelques brins de ciboulette ou de persil hachés (facultatif)

6 petites poires

1 citron

1 Dans un bol, écrasez la fourme à l'aide d'une fourchette. Ajoutez la crème fraîche, les baies de goji (ou les cranberries) et éventuellement les herbes hachées. Mélangez bien.

2 Coupez les poires en deux ou en quatre, retirez la partie centrale. Citronnez-les pour éviter qu'elles ne noircissent. Tartinez chaque demi-poire de 1 cuillerée à café de la préparation au fromage. Servez aussitôt.

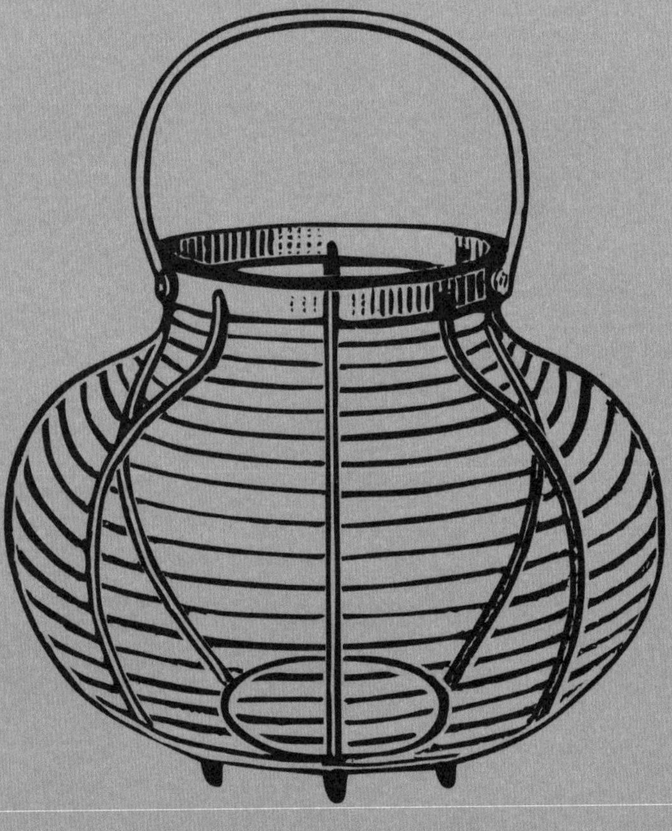

ENTRÉES

DOUILLONS DE POIRES AU CHÈVRE

Pour **4 personnes** • Préparation **15 min** • Cuisson **20 à 25 min**

1 bûche de chèvre cendré de type sainte-maure-de-Touraine fermier

4 poires

4 carrés de pâte feuilletée prête à l'emploi

4 c. à s. de confiture de mûres ou de cassis

1 jaune d'œuf

1. Préchauffez le four à 180 °C (th. 6).
2. Épluchez les poires. Coupez-les en deux et évidez-les. Coupez la bûche de chèvre en tranches de 1 cm d'épaisseur.
3. Préparez chaque douillon : sur un carré de pâte feuilletée, posez une demi-poire, puis, par-dessus, 2 tranches de chèvre cendré. Ajoutez 1 cuillerée à soupe de confiture et placez une deuxième demi-poire de sorte à reformer un fruit complet. Repliez le carré afin de refermer le tout.
4. Battez le jaune d'œuf avec 1 cuillerée à café d'eau. Recouvrez une plaque à four de papier sulfurisé. Placez les douillons dessus, puis dorez-les à l'aide d'un pinceau. Enfournez pour 20 à 25 minutes jusqu'à ce que les douillons soient dorés.
5. Servez les douillons avec une salade de saison. C'est une belle façon de twister le chèvre chaud !

Le conseil de Virginie

S'il vous reste de la pâte, découpez 4 formes de feuilles que vous ajouterez aux douillons avant de les enfourner. Utilisez le jaune d'œuf battu pour les fixer.

Vous pouvez aussi opter pour un crottin de Chavignol, mi-frais ou entre-deux. D'une manière générale, tous les fromages peuvent être facilement remplacés tant que l'on reste dans la même famille.

SAMOSSAS DE BREBIS AUX FRUITS SECS

Pour **12 samossas** • Préparation **20 min** • Cuisson **20 min**

3 pérails de brebis fermiers au lait cru
4 pruneaux secs
6 abricots secs
1 oignon jaune
1 poignée de cranberries
1 petite botte de coriandre
2 ou **3** feuilles de brick
1 c. à c. de ras el-hanout
Huile d'olive
Poivre du moulin

1 Coupez les pruneaux et les abricots en petits morceaux. Épluchez l'oignon et hachez-le finement. Émincez la coriandre.

2 Dans une poêle, faites suer l'oignon avec 2 cuillerées à soupe d'huile d'olive 3 à 4 minutes (il ne doit pas colorer). Ajoutez les pruneaux, les abricots et les cranberries, poivrez, saupoudrez de ras el-hanout et ajoutez la coriandre. Retirez du feu et laissez refroidir 20 minutes.

3 Coupez chaque feuille de brick en 4 bandes. Sur chacune de ces bandes, déposez 1 cuillerée à soupe de garniture sur l'une de ses extrémités, puis pliez pour former un triangle. N'hésitez pas à vous reporter aux instructions indiquées sur le paquet de feuilles de brick.

4 Dans une poêle, faites cuire les samossas avec un filet d'huile d'olive 3 minutes de chaque côté jusqu'à ce qu'ils soient bien dorés. Servez-les bien chauds, accompagnés de mesclun ou de roquette.

Cette recette peut se réaliser avec un fromage de chèvre frais ou moelleux, tant qu'il n'est pas crémeux.

TARTE FINE AU BROCCIU, À L'ORIGAN ET AUX AMANDES

Pour **4 personnes** • Préparation **15 min** • Cuisson **35 min**

500 g de brocciu

200 g de pâte brisée prête à l'emploi

1 bouquet d'origan frais
(ou 2 c. à s. d'origan sec)

2 c. à s. de crème épaisse

1 c. à s. de baies roses

60 g d'amandes effilées

Sel et **poivre** du moulin

1 Préchauffez le four à 180 °C (th. 6).

2 Recouvrez un moule à tarte de papier sulfurisé et disposez-y la pâte. Hachez l'origan.

3 Dans un mixeur, placez le brocciu et la crème fraîche. Salez et poivrez généreusement, ajoutez l'origan et mixez rapidement.

4 Étalez la préparation obtenue dans le fond de tarte. Poivrez à nouveau et parsemez de baies roses puis d'amandes effilées. Enfournez pour 35 minutes.

5 Servez bien chaud.

Le Conseil de Virginie – Fromagère Affineuse – Depuis 1966

Pour cette recette, vous pouvez aussi utiliser du chèvre frais, de la ricotta ou encore du greuilh (voir p.17).

On raconte que c'est le roi Salomon en personne qui aurait donné la recette du brocciu aux bergers corses, il y a de cela des millénaires ! Appellation d'origine protégée, ce fromage typique de la Corse est produit de novembre à juin.

Velouté de chou-fleur au gorgonzola

Pour **6 personnes** • Préparation **15 min** • Cuisson **35 min**

200 g de gorgonzola AOP

1 gros chou-fleur

1 oignon

2 gousses d'ail

2 c. à s. d'huile d'olive

1 cube de bouillon de légumes

20 cl de crème liquide

Quelques feuilles de sauge ou de persil

Sel et **poivre** du moulin

1 Coupez le chou-fleur en gros morceaux en réservant 2 sommités pour le décor. Épluchez et hachez l'oignon et l'ail. Coupez le gorgonzola en cubes de 1 à 2 cm de côté.

2 Dans une sauteuse, faites suer l'oignon et l'ail avec l'huile d'olive pendant 3 minutes (ils ne doivent pas colorer). Ajoutez le chou-fleur, le cube de bouillon, salez, poivrez et couvrez d'eau à hauteur. Laissez cuire à feu moyen 30 minutes environ.

3 Lorsque le chou-fleur est bien tendre, mixez au mixeur plongeant en ajoutant la crème liquide. Vérifiez l'assaisonnement et rectifiez-le si nécessaire.

4 Servez dans de grands bols en ajoutant les cubes de gorgonzola. Décorez avec 1 tranche de chou-fleur cru découpée dans une sommité et 1 à 2 feuilles de sauge ou de persil.

Le Conseil de Virginie – Fromagère Affineuse – Depuis 1946

Cette recette gourmande se réalise aussi très bien avec du shropshire, une sorte de bleu anglais à la jolie teinte orangée. Un bleu de Termignon bien affiné (6 mois minimum) est également une excellente option. Ce fromage au lait cru, fabriqué de juin à septembre à plus de 2 000 mètres d'altitude dans le massif de la Haute-Maurienne, est une rareté : seuls six producteurs continuent de le fabriquer aujourd'hui grâce à des petits troupeaux de vaches Tarine ou Abondance. Sa pâte, très différente de celles des bleus classiques, ressemble à celle d'un salers qui aurait bleuté. Haut en saveur et en fondant, il sublimera votre velouté !

SOUFFLÉ AU CHAOURCE

Pour **4 personnes** • Préparation **15 min** • Cuisson **20 à 25 min**

100 g de chaource fermier au lait cru AOP

4 œufs

25 g de beurre + un peu pour le moule

3 c. à s. de crème entière liquide

50 g de farine

25 cl de lait

Noix de muscade râpée

Poivre du moulin

1 Préchauffez le four à 180 °C (th. 6).

2 Séparez les jaunes des blancs d'œuf et montez ces derniers en neige. Réservez. Beurrez un moule à soufflé.

3 Dans une casserole, émiettez le fromage avec une fourchette. Ajoutez le beurre et la crème liquide, puis faites fondre le tout à feu doux 5 minutes. Hors du feu, ajoutez la farine et mélangez bien. Versez le lait petit à petit. Saupoudrez d'un peu de muscade, poivrez.

4 Incorporez les jaunes d'œuf un à un. Ajoutez ensuite les blancs montés en neige.

5 Versez la préparation dans le moule en ne le remplissant qu'aux trois quarts. Enfournez pour 20 à 25 minutes. Attention à ne pas ouvrir la porte pendant la cuisson, au risque que le soufflé retombe !

6 Au sortir du four, dégustez aussitôt.

Le conseil de Virginie – Fromagère Affineuse – Depuis 1946

Pour une version plus gourmande, vous pouvez opter pour un brillat-savarin ou encore un neufchâtel AOP. Le fromage ne doit pas être trop affiné pour conserver la douceur de la recette. Attention : les enfants adorent ce soufflé !

ŒUFS COCOTTE AU BELLACHAT

Pour **4 personnes** • Préparation **10 min** • Cuisson **12 à 15 min**

1 bellachat

1 bouquet d'herbes (ciboulette, persil, coriandre...)

4 oignons nouveaux ou 1 bouquet de cive fraîche

100 g de lardons fumés

8 œufs

4 c. à s. de crème liquide

Poivre du moulin

1. Préchauffez le four à 180 °C (th. 6). Préparez un bain-marie en y plaçant un grand plat à gratin rempli d'eau.
2. Retirez la croûte du bellachat et coupez-le en gros cubes. Hachez le bouquet d'herbes et les oignons nouveaux (ou la cive).
3. Dans une poêle, faites revenir les lardons dans une poêle sans ajouter de matière grasse. Réservez.
4. Préparez chaque minicocotte : confectionnez un lit d'herbes et d'oignons. Ajoutez quelques lardons, un peu de fromage et 2 œufs. Versez 1 cuillerée à soupe de crème liquide. Poivrez.
5. Enfournez les minicocottes et faites-les cuire au bain-marie 12 à 15 minutes.

Le Conseil de Virginie — Fromagère Affineuse — Depuis 1966

L'œuf cocotte, ou comment marquer des points à un dîner quand on a peu de temps ! Produit en Savoie par un seul producteur, le bellachat est un fromage de chèvre fermier au lait cru et à la croûte lavée. Il est crémeux et gourmand. Il peut toutefois être remplacé par du chevrotin des Aravis, du reblochon fermier ou encore du mont-d'or.

SALADE GRECQUE AU FROMAGE FRAIS

Pour **4 personnes** • Préparation **15 min** • Cuisson **20 min**

400 g de feta fraîche
600 g de tomates cerises
1 c. à s. d'herbes de Provence
1 bouquet de basilic frais
1 gros concombre
2 poignées de laitue croquante
3 c. à s. de câpres
Huile d'olive
Vinaigre balsamique
Sel et **poivre** du moulin

1 Préchauffez le four à 200 °C (th. 6-7). Huilez une plaque à four.

2 Lavez les tomates cerises et coupez-les en deux. Disposez-en la moitié sur la plaque, parsemez d'herbes de Provence, salez, poivrez et enfournez pour 20 minutes. Au sortir du four, laissez refroidir.

3 Pendant ce temps, lavez le basilic et hachez-le. Épluchez le concombre et épépinez-le. Coupez-le en deux dans la longueur, puis détaillez-le en tranches. Coupez grossièrement la feta. Lavez la laitue, essorez-la et déchirez-la grossièrement.

4 Disposez la salade dans 4 assiettes. Posez par-dessus les demi-tomates crues et rôties, le concombre et la feta. Ajoutez les câpres, parsemez de basilic. Arrosez copieusement d'huile d'olive et de vinaigre balsamique, salez et poivrez. Servez bien frais.

Le Conseil de Virginie – Fromagère Affineuse – Depuis 1946

De nos jours, trouver une bonne feta n'est pas une mince affaire. Souvent trop salée, elle peut se montrer également très insipide. Celles que l'on trouve en grande distribution, par exemple, n'ont aucun intérêt… Assurez-vous de sa qualité, ou bien optez sans hésitation pour un fromage de chèvre ou de brebis au lait cru frais ou demi-frais. Si vous souhaitez apporter un peu de peps à votre salade, vous pouvez ajouter de fines tranches d'un crottin de chèvre sec coupées à la mandoline.

CRÈMES BRÛLÉES AU CUPIDON

Pour **4 personnes** • Préparation **15 min** • Cuisson **30 min**

120 g de cupidon
2 jaunes d'œuf
50 cl de crème liquide entière
1 l de lait entier
20 g de beurre
Noix de muscade râpée
Sel et **poivre** du moulin

1 Préchauffez le four à 120 °C (th. 4).

2 Coupez le cupidon en petits cubes. Dans un bol, battez les jaunes d'œuf avec la crème et le lait, puis ajoutez les dés de fromage. Salez, poivrez et ajoutez un peu de muscade.

3 Beurrez 4 ramequins. Répartissez la préparation et enfournez pour 20 minutes.

4 Réglez la température sur 220 °C (th. 7-8) et faites gratiner 5 à 10 minutes supplémentaires. Servez les crèmes brûlées bien chaudes, accompagnées d'une salade verte et d'une vinaigrette aillée.

Le conseil de Virginie – Fromagère Affineuse – depuis 1946

Pour une version plus proche de la recette originale, saupoudrez un peu de cassonade à la surface au sortir du four, puis faites dorer à l'aide d'un chalumeau. Vous obtiendrez ainsi la croûte caramélisée typique de la crème brûlée.

Véritable petite merveille, le cupidon est un fromage de brebis fermier très rare (un seul producteur en Ariège) qui ressemble à un mini mont-d'or. Sa pâte crémeuse, pas trop forte en goût, est très aromatique. Vous pouvez le remplacer par un chevrotin des Aravis (pendant la saison, c'est-à-dire de février à septembre), du mont-d'or AOP (entre le 10 septembre et le 10 mai) ou bien du reblochon fermier. Surtout, prenez le temps de faire caraméliser sa croûte pour un résultat sucré-salé bluffant !

Pizza blanche au saint-nectaire et aux figues

Pour **4 personnes** • Préparation **15 min** • Cuisson **20 min**

1 boule de mozzarella di bufala

200 g de saint-nectaire fermier AOP

6 figues fraîches

1 pâte à pizza prête à l'emploi

1 c.à s. d'herbes de Provence ou de thym frais

Crème de vinaigre balsamique

Poivre du moulin

1 Préchauffez le four à 220 °C (th. 7-8).

2 Coupez la mozzarella en petits cubes. Coupez le saint-nectaire en tranches, puis retirez la croûte. Détaillez les figues en tranches.

3 Recouvrez une plaque à four de papier sulfurisé. Étalez la pâte à pizza dessus. Disposez les dés de mozzarella et le saint-nectaire. Parsemez d'herbes de Provence ou de thym et poivrez généreusement. Ajoutez la moitié des figues.

4 Enfournez pour 20 minutes. Au sortir du four, ajoutez le reste des figues et arrosez avec un trait de crème de vinaigre balsamique. Dégustez sans attendre.

Le Conseil de Virginie — Fromagère Affineuse — Depuis 1946

Ce n'est pas parce que l'on fait chauffer un fromage qu'il faut en prendre un de piètre qualité. En choisissant une mozzarella de bufflonne, vous aurez une pizza bien plus savoureuse qu'avec une mozzarella de vache – même chaude. À la place du saint-nectaire, vous pouvez aussi utiliser du reblochon fermier, du vacherin fermier ou encore du mont-d'or.

SALADE DE COMTÉ 18 MOIS
AUX POMMES CARAMÉLISÉES ET AUX GRAINES

Pour **4 personnes** • Préparation **15 min** • Cuisson **20 min**

200 g de vieux comté 18 mois d'affinage AOP

2 pommes de type reine des reinettes

1 c. à s. d'huile d'olive

30 g de beurre

2 c. à s. de sucre

100 g de mesclun ou de laitue feuille de chêne

8 radis

1 petit bouquet de ciboulette

2 c. à s. d'un mélange de graines ou de sésame

1 poignée de raisins ou de cranberries secs

8 petits croûtons

Pour la vinaigrette :

4 c. à s. d'huile d'olive

2 c. à s. de vinaigre balsamique

1 grosse pincée de cumin en poudre

Sel et **poivre** du moulin

1 Épluchez les pommes et coupez-les en gros dés. Dans une sauteuse, faites chauffer l'huile et ajoutez le beurre à feu moyen. Lorsque ce dernier mousse, ajoutez les pommes. Faites-les cuire quelques minutes de chaque côté. Ajoutez le sucre et laissez caraméliser 3 minutes tout en remuant. Réservez.

2 Lavez la salade et essorez-la. Coupez le comté en petites lamelles. Préparez les radis et coupez-les en tranches fines. Hachez la ciboulette.

3 Torréfiez les graines dans une poêle sans ajouter de matière grasse. Réservez.

4 Préparez la vinaigrette : émulsionnez l'huile d'olive et le vinaigre balsamique. Salez, poivrez et ajoutez le cumin.

5 Dans les assiettes, disposez la salade et les tranches de radis. Arrosez de vinaigrette, puis parsemez de ciboulette. Ajoutez les pommes caramélisées, les graines torréfiées, les raisins secs et les lamelles de comté. Servez avec les croûtons.

Le Conseil de Virginie – Fromagère Affineuse – Depuis 1966

Quel bonheur, ce comté 18 mois, quel bel équilibre ! Avec ce fromage, pas d'erreur. La maison Charles Arnaud me fait l'amitié de prendre soin des pièces que j'ai réservées au sein du fort des Rousses. J'apprécie vraiment la souplesse de leur pâte, malgré des affinages parfois poussés : les plus vieux que je propose atteignent 48 mois !

FEUILLETÉS AU BLEU D'AUVERGNE ET AUX FRUITS SECS

Pour **4 personnes** • Préparation **15 min** • Cuisson **20 à 25 min**

200 g de bleu d'Auvergne fermier au lait cru AOP

3 c. à s. de crème épaisse

40 g de pistaches entières et décortiquées

50 g de pignons de pin

1 jaune d'œuf

1 pâte feuilletée de 300 g prête à l'emploi

50 g de raisins secs

Poivre du moulin

Herbes de Provence

1. Préchauffez le four à 180 °C (th. 6).

2. Dans une poêle, torréfiez les pignons de pin 2 minutes sur feu moyen sans ajouter de matière grasse. Réservez.

3. Dans un bol, écrasez le bleu d'Auvergne et mélangez-le avec la crème épaisse. Poivrez. Concassez les pistaches et les pignons de pin à l'aide d'un pilon. Battez le jaune d'œuf avec 1 cuillerée à café d'eau.

4. Recouvrez une plaque à four de papier sulfurisé. Étalez la pâte feuilletée. Tartinez la préparation au bleu dessus, parsemez de pistaches, de pignons de pin et de raisins secs.

5. Enroulez la pâte sur elle-même pour former un gros boudin, puis coupez celui-ci en tranches épaisses. Disposez les feuilletés ainsi obtenus sur la plaque à four et dorez-les avec le jaune d'œuf. Enfournez pour 20 à 25 minutes.

6. Servez sur un lit de salade verte, de cresson ou de mesclun.

Le Conseil de Virginie – Fromagère Affineuse – depuis 1946

Si vous ne trouvez pas de bleu d'Auvergne, choisissez une fourme d'Ambert, plutôt jeune. Ou bien le bleu de Bonneval, à découvrir absolument ! C'est un bleu de Savoie, au lait de vache, avec une pâte onctueuse aux saveurs champignonnées.

BRICKS DE CHÈVRE AU POTIMARRON

Pour **4 personnes** • Préparation **20 min** • Cuisson **30 min**

1 buche de chèvre fermier
¼ de potimarron
1 oignon
Romarin sec
Herbes de Provence séchées
4 feuilles de brick
20 g de beurre
Huile d'olive
Sel et **poivre** du moulin

1 Préchauffez le four à 180 °C (th. 6).

2 Épluchez l'oignon et le potimarron et coupez-les en tranches fines.

3 Huilez une plaque à four. Saupoudrez-la de sel et de poivre, puis parsemez-la de romarin et d'herbes de Provence. Disposez le potimarron et l'oignon sur la plaque, salez et poivrez à nouveau, puis enfournez pour 20 minutes. Au sortir du four, laissez refroidir.

4 Détaillez la buche de chèvre en tranches fines. Répartissez les légumes au centre des feuilles de brick et ajoutez quelques tranches de rocamadour. Refermez les feuilles de brick.

5 Dans une poêle large, faites cuire les bricks sans attendre avec un peu d'huile d'olive et le beurre 10 minutes sur feu moyen, en les retournant à mi-cuisson. Lorsqu'ils sont bien dorés, servez-les aussitôt avec une salade verte.

Le conseil de Virginie – Fromagère Affineuse – depuis 1946

Choisissez un chèvre fermier moelleux au lait cru (demandez conseil à votre fromager). Vous pouvez faire cette recette avec des pélardons, petits palets de chèvre extrêmement fins et délicats, absolument divins quand ils sont parfaitement affinés, c'est-à-dire crémeux, sous croûte, avec un petit cœur fondant.

Cassolette d'artichauts à la tomme de brebis

Pour **4 personnes** • Préparation **10 min** • Cuisson **20 min**

200 g de tomme de brebis fermière au lait cru

400 g de petits artichauts confits à l'huile

2 œufs

15 cl de crème liquide

Thym sec

Sel et **poivre** du moulin

1 Préchauffez le four à 200 °C (th. 6-7).

2 Détaillez la tomme de brebis en petits cubes. Coupez les artichauts en deux.

3 Dans un saladier, battez les œufs avec la crème. Salez, poivrez et parsemez de thym.

4 Placez les artichauts dans des cassolettes. Ajoutez les dés de brebis, versez la préparation aux œufs et enfournez pour 20 minutes. Servez les cassolettes chaudes ou bien tièdes.

Le conseil de Virginie — Fromagère Affineuse — depuis 1946

Pour cette recette, choisissez une tomme de brebis fermière plutôt jeune. Quelle que soit son origine, celle-ci ne doit pas être trop affinée afin qu'elle ne rende pas trop de matière grasse et qu'elle n'étouffe pas la saveur de l'artichaut.

BOULETTES DE SÉRAC AUX FRUITS SECS ET AU SÉSAME

Pour **4 personnes** • Préparation **15 min**

500 g de sérac
50 g de noix
50 g de pignons de pin
2 c. à s. de sésame
Quelques tiges de ciboulette
12 feuilles de menthe ou de basilic
1 grosse pincée de cumin
1 c. à s. de baies roses
Sel et **poivre** du moulin

1 Dans une poêle, torréfiez les noix et les pignons de pin sans ajouter de matière grasse. Faites de même pour le sésame.

2 Concassez les noix et les pignons de pin. Hachez la ciboulette. Égouttez le sérac. Recouvrez un plat de papier sulfurisé et disposez les feuilles de menthe ou de basilic par-dessus.

3 Dans un saladier, mettez les noix, le cumin, les pignons de pin, le sésame et le sérac. Poivrez et ajoutez les baies roses et la ciboulette. Mélangez tous les ingrédients à l'aide d'une maryse.

4 Formez des boulettes à la main et disposez-les sur les feuilles de menthe ou de basilic. Placez-les 1 heure au frais avant de servir.

Le Conseil de Virginie – Fromagère Affineuse – Depuis 1946

À l'instar du brocciu, de la ricotta ou du greuilh, le sérac, que l'on trouve dans certaines régions sous le nom de « séret », est une « recuite », c'est-à-dire qu'il est fabriqué à partir d'un lait ensemencé deux fois. Résultat : un fromage frais très doux. Cette particularité lui permet de trouver sa place dans des recettes salées comme sucrées – d'autant qu'il est pauvre en matière grasse !
Le sérac est généralement élaboré avec du lait de vache ou de chèvre, alors que le brocciu est fait à base de lait de brebis ou d'un mélange de laits de brebis et de chèvre.

Salade de rattes du Touquet au maroilles et au cresson

Pour **4 personnes** • Préparation **15 min** • Cuisson **20 min**

½ maroilles fermier au lait cru AOP
1 bouquet de cresson
10 radis
250 g de rattes du Touquet
Huile d'olive
Vinaigre balsamique
Poivre du moulin

1 Lavez le cresson dans une eau vinaigrée. Rincez, essorez et supprimez les grosses branches. Préparez les radis et coupez-les en fines lamelles. Coupez le maroilles en tranches fines.

2 Lavez les rattes et faites-les cuire dans un grand volume d'eau salée, départ à l'eau froide, 20 minutes après le début de l'ébullition. Égouttez-les, laissez-les légèrement refroidir et coupez-les en rondelles.

3 Dans chaque assiette, disposez un peu de cresson, quelques lamelles de radis, des rondelles de rattes et quelques tranches de maroilles. Arrosez avec un filet d'huile d'olive, poivrez et terminez avec un filet de vinaigre balsamique.

4 Vous pouvez servir l'ensemble bien frais ou bien avec les rattes encore tièdes.

Le conseil de Virginie – Fromagère Affineuse – depuis 1946

« Maroilles » est l'une des plus anciennes appellations fromagères : elle remonte au Xe siècle ! Ce fromage a été créé par un moine de l'abbaye éponyme, située dans la Thiérache. Son odeur est trompeuse, car ce n'est pas un fromage si fort. Le secret réside dans son choix : privilégiez un maroilles fermier de bonne facture et affiné juste à point. Si vous souhaitez le remplacer, vous pouvez opter pour un rollot fermier, à l'odeur moins forte, ou bien un soumaintrain fermier, plus fondant et plus fin. Ce deuxième choix est mon chouchou !

Émincé de chou-fleur et de fenouil au tarentais

Pour **4 personnes** • Préparation **15 min**

1 tarentais
ou autre fromage de chèvre

1 fenouil

½ chou-fleur

1 bouquet de coriandre

2 oignons nouveaux

1 grosse poignée de cranberries
ou de baies de goji

Le jus de **1** citron vert

Huile d'olive

Poivre

1 Lavez le fenouil et le chou-fleur, puis émincez-les finement. Hachez la coriandre. Émincez les oignons nouveaux. Coupez le tarentais en tranches.

2 Disposez le chou-fleur et le fenouil dans des assiettes. Ajoutez les cranberries ou les baies de goji, les tranches de tarentais et parsemez de coriandre. Arrosez d'un bon filet d'huile d'olive, versez le jus de citron vert et poivrez généreusement. Servez bien frais.

Le Conseil de Virginie — Fromagère Affineuse — Depuis 1966

Fabriqué en Savoie, ce merveilleux chèvre fermier au lait cru a une pâte fondante et dense, avec un bouquet très aromatique, propre à la flore si riche des montages savoyardes ! Si vous n'en trouvez pas, remplacez-le par un charolais. Pour l'affinage de votre chèvre, choisissez-le entre-deux, il révèlera toutes ses saveurs.

FLAN D'ASPERGES AU NEUFCHÂTEL

Pour **6 personnes** • Préparation **20 min** • Cuisson **45 min**

- **1** neufchâtel fermier AOP de 200 g
- **2** grosses bottes d'asperges vertes
- **2** gousses d'ail
- **1** petit bouquet de persil
- **2** c. à s. de farine
- **30** cl de crème liquide
- **4** œufs
- **10** cl de lait
- **1** pincée de cumin en poudre
- **Beurre** pour le moule
- **Sel** et **poivre** du moulin

1 Préchauffez le four à 180 °C (th. 6). Préparez un bain-marie en y plaçant un grand plat à gratin rempli d'eau.

2 Préparez les asperges en supprimant la base des tiges si elles sont filandreuses. Faites-les ensuite cuire 10 minutes dans un grand volume d'eau bouillante salée. Rafraîchissez-les à l'eau froide pour stopper la cuisson, puis égouttez-les sur un linge propre.

3 Pendant ce temps, épluchez l'ail et hachez-le. Ciselez le persil. Coupez le neufchâtel en petits dés. Battez les œufs.

4 Réservez les têtes d'une dizaine d'asperges et mixez le reste. Ajoutez l'ail et le persil, salez et poivrez. Ajoutez la farine, la crème, les œufs, le lait et le cumin. Mélangez bien à l'aide d'un fouet.

5 Beurrez un moule à cake. Versez-y la préparation, puis ajoutez, en les répartissant bien, les cubes de fromage et les 10 têtes d'asperges mises de côté. Enfournez et faites cuire au bain-marie 35 minutes.

6 Au sortir du four, laissez refroidir le flan avant de le démouler et le servir en tranches.

Le Conseil de Virginie – Fromagère Affineuse – depuis 1946 –

L'histoire du neufchâtel serait intimement liée à la guerre de Cent Ans. On raconte que les jeunes fermières normandes offraient aux soldats anglais ces fromages en forme de cœur pour leur déclarer leur flamme. Voilà qui est plus efficace que les sites de rencontre ! Vous pouvez le remplacer par du brillat-savarin, plus gourmand, ou du chaource, plus classique. Veillez à choisir un fromage pas trop affiné afin de conserver la délicatesse de l'asperge.

AMANDES DE MER GRATINÉES AU BLEU D'AUVERGNE

Pour **4 personnes** • Préparation **15 min** • Cuisson **8 min**

80 g de bleu d'Auvergne fermier au lait cru AOP
2 gousses d'ail
1 petit bouquet de persil
200 g de champignons de Paris
40 amandes de mer
5 cl de crème liquide
Huile d'olive
Sel et **poivre** du moulin

1 Coupez le bleu d'Auvergne en petits cubes. Épluchez et hachez les gousses d'ail. Ciselez le persil.

2 Nettoyez et hachez les champignons de Paris. Dans une poêle, faites-les revenir avec un filet d'huile d'olive 5 minutes sur feu moyen. Salez légèrement, poivrez et ajoutez l'ail. Réservez.

3 Lavez les amandes, ouvrez-les, puis disposez-les dans des cassolettes ou sur une plaque à four. Dans chaque amande, disposez les champignons puis le bleu d'Auvergne. Parsemez de persil, arrosez d'un filet de crème et poivrez.

4 Passez les amandes au gril 2 à 3 minutes. Attention à ne pas trop gratiner, les amandes deviendraient caoutchouteuses. Celles-ci doivent juste être chaudes et le fromage doit avoir fondu.

Le Conseil de Virginie — Fromagère Affineuse — Depuis 1966

Pour transformer cette entrée en plat principal, doublez les quantités et accompagnez les amandes de frites maison.

Si vous ne trouvez pas d'amandes, des praires, des palourdes ou encore des moules feront très bien l'affaire.

CROQUE-MONSIEUR AU LAGUIOLE ET AU CANARD FUMÉ

Pour **4 personnes** • Préparation **15 min** • Cuisson **15 min**

300 g de laguiole AOP

100 g de poivrons marinés

16 tranches de pain de campagne

150 g de beurre

200 g de magrets de canard fumés en tranches

16 feuilles de sauge

Moutarde à l'ancienne

Poivre

1 Préchauffez votre four à 180 °C (th. 6).

2 Coupez le laguiole en bâtonnets. Détaillez les poivrons marinés en petits carrés. Tartinez de beurre les tranches de pain.

3 Recouvrez une plaque à four de papier sulfurisé. Placez-y 8 des tranches de pain beurrées, ajoutez un peu de moutarde. Sur chaque tartine, ajoutez quelques tranches de canard fumé, des poivrons, 1 feuille de sauge et quelques bâtonnets de laguiole (réservez-en la moitié pour le dessus).

4 Posez par-dessus une autre tranche de pain beurrée, ajoutez le reste du fromage, 1 autre feuille de sauge et poivrez. Enfournez pour 15 minutes.

Le Conseil de Virginie – Fromagère Affineuse – Depuis 1946

Fabriqué à partir de lait de vache Simmental ou Aubrac, le laguiole, fromage très fin, est un cousin du célèbre cantal. Avec un affinage de 8 à 10 mois, son goût, plus structuré, sera parfait pour cette recette. Vous pouvez le remplacer par du salers, plus rustique, qui apportera plus de caractère au croque-monsieur. Des artichauts marinés peuvent très bien se substituer aux poivrons.

Pâté en croûte à la tomme de brebis de Savoie

Pour **6 à 8 personnes** • Préparation **2 h** • Marinade **12 h** • Cuisson **1 h**

Pour la marinade :

100 g de gorge de porc

200 g de jambonneau cuit

200 g d'échine de porc

10 g de sel

10 g de poivre

2 c. à s. de pommeau

200 g de tomme de brebis de Savoie fermière au lait cru

600 g de pâte brisée maison

1 échalote

1 oignon

1 œuf entier + 1 jaune pour la dorure

30 cl de crème liquide

50 g de pistaches décortiquées

2 sachets de gelée au madère

1 La veille, coupez grossièrement la gorge de porc, le jambonneau et l'échine, puis mettez-les dans un saladier. Ajoutez le sel, le poivre et le pommeau. Recouvrez de film étirable et laissez mariner 12 heures au frais.

2 Le jour même, chemisez un moule à pâté en croûte avec les deux tiers de la pâte brisée. Soudez-la bien aux points de jonction à l'aide d'un pinceau imbibé d'eau et en appuyant avec les doigts. Si une jointure vous semble fragile, n'hésitez pas à la renforcer avec un morceau de pâte. Recoupez la pâte à hauteur du moule avec un couteau bien affûté. Réservez au frais.

3 Pendant ce temps, préchauffez votre four à 190 °C (th. 6-7).

4 Pelez et hachez l'échalote et l'oignon. Passez la viande au hachoir, grille moyenne. Dans un bol, mettez la viande hachée, l'échalote, l'oignon, l'œuf, la crème , le fromage en cubes et les pistaches. Mélangez soigneusement à la main. Mettez cette farce dans le moule en tassant bien avec une spatule souple.

5 Étalez le reste de pâte brisée et formez un rectangle aux dimensions du moule. Humidifiez-le à l'aide d'un pinceau imbibé d'eau, puis appliquez-le, côté humide, sur le pâté. Appuyez bien sur les bords pour coller la pâte. À l'aide d'un couteau ou d'un emporte-pièce, réalisez deux ou trois trous qui serviront de cheminées de cuisson. Vous pouvez border ces cheminées avec un rond de pâte plus grand coupé à l'aide d'un emporte-pièce.

Le Conseil de Virginie – Fromagère Affineuse – Depuis 1966 –

Aussi beau que bon, ce pâté est une vraie petite merveille ! Pour cette recette, je recommande une tomme de brebis de Savoie pour son moelleux, mais vous pourriez la remplacer par une tomme des Pyrénées, comme l'ossau-iraty, toujours au lait cru bien sûr !

6 Battez le jaune d'œuf avec un peu d'eau, puis dorez la pâte à l'aide d'un pinceau. Faites des décors avec le dos d'un couteau. Vous pouvez faire des stries sur les bords, ce qui va consolider les soudures. Confectionnez des petits cylindres de papier sulfurisé que vous glissez dans les cheminées. Enfournez pour 20 minutes.

7 Baissez le four à 160 °C (th. 5-6) et poursuivez la cuisson pendant 40 minutes. Pour vérifier la cuisson, glissez une lame très fine dans une des cheminées, laissez-la une vingtaine de secondes, puis ressortez-la. La farce doit être très chaude à cœur (68 °C au thermomètre). Au sortir du four, laissez refroidir 30 minutes.

8 Préparez la gelée et coulez-la, en plusieurs fois si nécessaire, afin de remplir complètement le pâté. Placez celui-ci au frais au minimum 24 heures avant de déguster afin que les parfums aient le temps de se développer.

BRUSCHETTAS DE CHANTERELLES AU VALENÇAY

Pour **4 personnes** • Préparation **20 min** • Cuisson **20 min**

1 valençay fermier AOP

600 g de chanterelles fraîches ou de cèpes

1 petit bouquet de persil

3 gousses d'ail

30 g de beurre

8 tranches de pain de campagne ou de pain au levain

Huile d'olive

Sel et **poivre** du moulin

1 Préchauffez le four à 200 °C (th. 6-7).

2 Coupez le valençay en gros cubes. Nettoyez les champignons, puis séchez-les. Hachez le persil. Épluchez et émincez l'ail.

3 Dans une sauteuse, faites suer les champignons avec un filet d'huile d'olive, le beurre et l'ail, jusqu'à ce que l'eau soit entièrement évaporée. Salez, poivrez et ajoutez le persil. Réservez.

4 Recouvrez une plaque à four de papier sulfurisé. Placez-y les tranches de pain et arrosez celles-ci d'un filet d'huile d'olive. Répartissez les champignons, ajoutez le fromage et enfournez pour 5 à 8 minutes, jusqu'à ce que le fromage ait gratiné.

5 Servez sur un lit de salade verte ou de pissenlits.

Le conseil de Virginie
Fromagère Affineuse
- DEPUIS 1966 -

Le valençay dégage naturellement des notes champignonnées. L'associer avec des chanterelles ou des cèpes ne peut être que savoureux ! Choisissez un fromage demi-frais afin qu'il fonde facilement tout en gardant sa texture. Cet affinage va par ailleurs apporter de la rondeur aux champignons. Si vous souhaitez le remplacer, optez pour un sainte-maure-de-Touraine fermier ou un chèvre cendré fermier.

Le saviez-vous ?

À l'origine, le valençay avait une forme pyramidale. On raconte qu'un jour où Talleyrand recevait Napoléon, ce dernier aurait tranché la tête du fromage à l'aide de son sabre, car il lui rappelait les pyramides d'Égypte – et donc sa défaite !

VELOUTÉ DE CHAMPIGNONS DE PARIS AU VACHERIN

Pour **4 personnes** • Préparation **20 min** • Cuisson **35 min**

200 g de vacherin de brebis ou de vache ou de mont-d'or

1 kg de champignons de Paris

2 gousses d'ail

1 oignon

2 c. à s. d'huile d'olive

20 g de beurre

20 cl de crème liquide

Quelques brins de coriandre

Sel et **poivre** du moulin

1 Nettoyez les champignons. Conservez-en 4 et émincez le reste. Épluchez l'ail et l'oignon, puis hachez-les.

2 Dans une sauteuse, faites suer les champignons avec l'huile d'olive, le beurre et l'ail 5 minutes sur feu moyen (ils ne doivent pas colorer). Couvrez d'eau à hauteur, salez, poivrez et poursuivez la cuisson pendant 30 minutes.

3 En fin de cuisson, ajoutez la crème et la coriandre entière, puis mixez à l'aide d'un mixeur plongeant. Vérifiez l'assaisonnement et rectifiez-le si nécessaire.

4 Émincez les 4 champignons mis de côté. Servez la soupe dans de grands bols ou des assiettes creuses. Ajoutez 2 ou 3 tranches de vacherin dans chaque bol ainsi que quelques lamelles de champignons.

Le Conseil de Virginie – Fromagère Affineuse – Depuis 1946

Pour cette recette, vous pouvez choisir un vacherin de brebis au lait cru qui apportera beaucoup de finesse.

Comme c'est un fromage rare, vous pouvez le remplacer par un mont-d'or. Le mont-d'or, aussi appelé vacherin du Haut-Doubs, est soumis à un cahier des charges très strict. Il ne peut être commercialisé que du 10 septembre au 10 mai.

Vendu à la coupe ou dans sa boîte en bois d'épicéa, sa pâte crémeuse révèle une saveur typique, ronde et boisée. Les sangles d'épicéa sont le fruit d'un artisan spécialisé, qui les fabrique à la main.

PLATS

UNE RACLETTE AUX MILLE SAVEURS

Pour **6 personnes** • Préparation **30 min**

200 g (250 g pour les bons mangeurs) par personne de fromage à raclette au lait cru et fermier, soit 1,2-1,5 kg, tranché par votre fromager.

1,5 kg de petites pommes de terre, du type rattes

Assortiment de légumes : carottes, choux romanesco, brocolis, champignons de Paris, fenouil...

1 bouquet de coriandre

1 bouquet de ciboulette

100 g de charcuterie de qualité par personne : jambon Serrano, jambon blanc fermier (sans nitrite), viande des Grisons ou bresaola, saucisson finement tranché du type noir de Bigorre...

1 pot de cornichons fins (ou extra-fins) ou malossols

Plusieurs **poivres** : de Kampot, exotique...

1 Lavez les pommes de terre en conservant leur peau. Dans un grand fait-tout, déposez les pommes de terre entières et couvrez-les d'eau froide. Faites-les cuire 20 minutes à partir de l'ébullition. Égouttez-les.

2 Épluchez les carottes, lavez les légumes et coupez-les en bâtonnets à l'exception des champignons, qui seront détaillés en quatre. Lavez et ciselez la coriandre et la ciboulette.

3 Réservez les champignons et faites cuire le reste des légumes à l'eau ou à la vapeur en conservant leur croquant.

4 Dans un plat ou des assiettes individuelles, dressez le fromage, la charcuterie, les pommes de terre, les différents légumes et les cornichons. Parsemez le fromage fondu avec les poivres ainsi que la coriandre et la ciboulette ciselées. Un régal !

Le conseil de Virginie — Fromagère Affineuse — depuis 1966

Variez les plaisirs en choisissant des tommes de Savoie fermières, de chèvre, de brebis, du fumaison (brebis fumé) ou encore une scamorza (excellente à la fonte). Évitez les pâtes pressées cuites, du type beaufort, qui rendent du gras.

LES FROMAGES À RACLETTE

Raclette de Savoie
Raclette fumée
Raclette à l'ail des ours
Raclette au poivre rose
Raclette au speck
Raclette de brebis
Raclette au fenugrec
Raclette bleu de Gex
Morbier
Raclette à la truffe

MA FONDUE

Pour **6 personnes** • Préparation **15-20 min** • Cuisson **20 min**

1,8 kg (environ 300 g de fromage par personne) :

400 g de beaufort chalet d'alpage (12-18 mois)

400 g de comté (18 mois)

400 g de gruyère suisse d'alpage (24 mois), du type L'Etivaz

400 g de vacherin fribourgeois (12 mois)

200 g d'emmental grand cru de Savoie (4 mois)

Du pain de campagne de la veille, un peu rassis

1 gousse d'ail

30 cl de vin blanc sec de Savoie

Poivre du moulin

1 Détaillez les fromages en petits dés. Coupez le pain en cubes de 3 à 4 cm de façon qu'ils conservent un morceau de croûte sur un côté.

2 Coupez la gousse d'ail en deux et frottez-en les parois d'un caquelon. Versez un fond de vin blanc dans le caquelon et faites-le chauffer sur feu doux. Incorporez une première poignée de dés de fromages. Remuez constamment en croix à l'aide de 2 spatules en bois pour faire fondre les fromages. Une fois les fromages fondus, recommencez l'opération en ajoutant le vin blanc au fur et à mesure pour lier le tout. La fondue ne doit être ni trop liquide ni trop épaisse. Ajoutez du vin blanc si besoin.

3 Au moment de servir, posez le caquelon sur le réchaud à fondue au centre de votre table. À l'aide de la fourchette à fondue, trempez les morceaux de pain dans le fromage et dégustez.

Le Conseil de Virginie – Fromagère Affineuse – Depuis 1946

Utilisez le même vin pour préparer la fondue et pour l'accompagner à table. Le secret d'une bonne fondue réside dans le choix d'un bon vin ! Pour une fondue suprenante, préparez-la… au champagne ! N'hésitez pas à proposer une petite assiette de cochonaille et des cornichons pour accompagner votre fondue.

Enfin, pour gagner du temps, demandez à votre fromager de couper les fromages.

Variante

On hésite souvent entre raclette et fondue, alors pourquoi ne pas faire une « fonclette » ? Dans ce cas, réduisez les quantités de fromages de moitié.

ROULADE DE VEAU AU CUPIDON

Pour **4 à 6 personnes** • Préparation **25 min** • Cuisson **50 min**

1 cupidon (ou un autre fromage de brebis) crémeux mais pas coulant

1 rôti de veau de 1,2 kg ficelé par votre boucher

200 g de tomates confites

6 tranches fines de lard fumé

1 c. à s. d'herbes de Provence

2 c. à s. d'huile d'olive

2 verres de vin blanc

1 oignon

1 bouquet garni

Sel et **poivre** du moulin

1 Détaillez le fromage en tranches. En prenant garde de ne pas couper les ficelles, incisez le rôti de veau tous les 2 cm sur presque toute l'épaisseur (le rôti doit rester entier). Dans chaque incision, glissez des tomates confites, des tranches de fromage et une tranche de lard. Salez, poivrez et saupoudrez d'herbes de Provence.

2 Dans une cocotte, faites dorer le rôti avec l'huile d'olive 5 minutes en le saisissant sur tous les côtés. Arrosez avec le vin blanc, ajoutez un petit verre d'eau, couvrez et laissez cuire 45 minutes sur feu doux. Arrosez le rôti régulièrement pour éviter qu'il ne se dessèche.

3 Servez le rôti accompagné de pâtes fraîches, d'un gratin de courgettes ou de pommes de terre sautées.

Le Conseil de Virginie – Fromagère Affineuse – Depuis 1946

Si vous ne trouvez pas de cupidon, demandez un brebis du type Claousou, ou bien un chevrotin des Aravis en chèvre. Conservez la croûte du fromage.

Truffade de l'Aubrac à la truffe

Pour **4 personnes** • Préparation **30 min** • Cuisson **30 min**

300 g de tomme fraîche de l'Aubrac
100 g de laguiole AOP (8-10 mois)
1 kg de pommes de terre à chair ferme
2 gousses d'ail
4 brins de persil plat
2 c. à s. d'huile d'olive
250 g de poitrine fumée de charcutier, coupée en lardons
4 c. à s. de crème fraîche entière
1 petite truffe noire fraîche
Poivre du moulin

1 Détaillez les fromages en lamelles et réservez. Épluchez, lavez et essuyez les pommes de terre. Coupez-les en fines rondelles. Épluchez et écrasez les gousses d'ail. Lavez et ciselez le persil.

2 Dans une casserole, placez les pommes de terre, couvrez-les d'eau froide et portez à ébullition. Laissez cuire 5 minutes avant de les égoutter.

3 Dans une sauteuse, faites chauffer l'huile d'olive avant d'y faire rissoler les pommes de terre avec l'ail 10 minutes sur feu moyen. Poivrez. Ajoutez les lardons et faites cuire encore 5 minutes.

4 Ajoutez ensuite les lamelles de fromages et laissez fondre 5 à 10 minutes. Liez l'ensemble avec la crème fraîche et remuez pour obtenir un mélange filant.

5 Parsemez la truffade de persil et râpez par-dessus la truffe avant de servir.

Le Conseil de Virginie – Fromagère Affineuse – Depuis 1966

Si vous ne trouvez pas de truffe fraîche française, dont la saison s'étale de novembre à février-mars, utilisez de la brisure de truffes.

CROZIFLETTE SAVOYARDE

Pour **4 personnes** • Préparation **20 min** • Cuisson **50 min**

1 reblochon AOP fermier

400 g de crozets natures ou au sarrasin

200 g de lardons fumés de qualité

2 gros oignons, coupés en rondelles

8 cl de vin blanc (celui qui accompagnera votre croziflette)

1 pincée de piment d'Espelette

2 branches de thym

Poivre du moulin

1 Dans une poêle, faites revenir les lardons et les oignons 3 minutes environ sur feu moyen jusqu'à ce qu'ils soient dorés. Déglacez avec le vin blanc, ajoutez le piment d'Espelette et poivrez. Laissez cuire 5 minutes.

2 Pendant ce temps faites cuire les crozets dans de l'eau bouillante salée pendant 20 minutes, puis égouttez-les.

3 Préchauffez le Four à 200 °C (th. 6-7). Coupez le reblochon en 2. Coupez la première moitié en dés et la seconde moitié en lamelles.

4 Dans un saladier, mélangez les crozets, les lardons et les oignons et les dés de reblochon. Dans un plat à gratin, disposez cette préparation et recouvrez-la des lamelles de reblochon.

5 Enfournez pour 15 à 20 minutes. La croziflette est prête lorsque le reblochon est doré. Dégustez-la chaude, à la sortie du four, accompagnée d'une mini-assiette de charcuterie de montagne et d'une salade de saison.

Le Conseil de Virginie — Fromagère Affineuse — depuis 1966

Pour cette recette, tout repose sur le fromage : le reblochon de Savoie. Je le choisis AOP et fermier – une caractéristique signalée par une pastille de caséine verte. Aucun ersatz possible ! Ses origines, enracinées dans la vallée de Thônes, remontent au XIIIe siècle. Respect ! Je l'aime avec du caractère, crémeux et présentant une croûte légèrement animale.

Le reblochon fermier est toujours exclusivement élaboré à la ferme et à la main, étape par étape. Il est fabriqué deux fois par jour, immédiatement après chaque traite, à partir du lait cru et encore chaud. Trois superbes races emblématiques de vaches montagnardes, issues du troupeau du producteur, sont à l'œuvre : l'Abondance, la Montbéliarde et la Tarine.

TOURTE À L'ABONDANCE ET AUX ÉPINARDS

Pour **6 personnes** • Préparation **30 min** • Cuisson **50 min**

400 g d'abondance AOP (12 mois)

1 kg d'épinards frais

50 g de beurre

2 pâtes feuilletées prêtes à l'emploi

½ c. à c. de noix de muscade (facultatif)

1 jaune d'œuf

Sel et **poivre** du moulin

1 Préchauffez le four à 180 °C (th. 6). Écroûtez l'abondance et coupez-le en petits cubes. Lavez les épinards et supprimez les queues. Dans un grand fait-tout, faites tomber les épinards avec le beurre et 1 demi-verre d'eau. Salez, poivrez et laissez refroidir.

2 Si nécessaire, étalez les pâtes feuilletées sur un plan de travail fariné. Foncez un moule à tarte avec la première pâte. Déposez par-dessus les épinards froids et les dés de fromage en les mélangeant. Poivrez généreusement et râpez un peu de muscade si vous le souhaitez. Recouvrez avec la seconde pâte et soudez les bords entre eux à l'aide d'un pinceau trempé dans de l'eau.

3 Faites un trou au centre de la tourte et placez-y un petit morceau de carton roulé en tube pour former une cheminée.

4 Dans un ramequin, battez le jaune d'œuf avec 1 cuillerée à café d'eau. Dorez la pâte avec ce mélange à l'aide d'un pinceau. Vous pouvez dessiner des motifs sur le dessus de la tourte avec le dos d'un couteau.

5 Enfournez pour 35 à 40 minutes. Servez bien chaud.

Le Conseil de Virginie — Fromagère Affineuse — depuis 1946 —

Cette recette fonctionne aussi très bien avec un pecorino nature ou au poivre.

TARTE À LA COURGETTE ET À LA TOMME CÉRONNÉE

Pour **4 personnes** • Préparation **20 min** • Cuisson **50 min**

500 g de tomme fermière de vache, céronnée mais pas trop vieille
3 courgettes
2 gousses d'ail
3 c. à s. d'huile d'olive
1 c. à s. d'herbes de Provence
2 pincées de cumin en poudre
1 pâte brisée prête à l'emploi
3 œufs
30 cl de crème liquide entière
Sel et **poivre** du moulin

1 Sans écroûter le fromage, coupez-le en lamelles à l'aide d'un économe ou d'un épluche-légumes et réservez. Lavez les courgettes, coupez-les en deux dans le sens de la longueur, puis détaillez-les en tranches fines. Épluchez et hachez l'ail.

2 Dans un wok, faites chauffer l'huile d'olive et faites précuire les courgettes 10 minutes en les assaisonnant avec du sel, du poivre, les herbes de Provence et le cumin. Ajoutez l'ail haché en fin de cuisson. Débarrassez et laissez refroidir.

3 Préchauffez le four à 180 °C (th. 6). Foncez un moule à tarte avec la pâte brisée. Dans un bol, battez les œufs. Ajoutez du sel, du poivre et la crème. Mélangez.

4 Disposez en vrac les courgettes et les lamelles de fromage sur le fond de tarte. Ajoutez la crème battue avec les œufs. Enfournez pour 40 minutes.

5 Servez la tarte chaude ou tiède, accompagnée d'une salade verte.

Le Conseil de Virginie — Fromagère Affineuse — Depuis 1946

Les cérons, minuscules acariens vivant dans la croûte du fromage, sont les garants d'un fromage affiné… et donc goûteux !

Gratin d'endives au livarot

Pour **4 personnes** • Préparation **25 min** • Cuisson **40 min**

1 livarot AOP entre-deux (il ne doit pas couler)

6 endives

1 échalote

1 gousse d'ail

1 c. à s. d'huile d'olive

50 g de beurre

1 c. à s. de persil haché

30 cl de crème liquide entière

1 jaune d'œuf

Sel et **poivre** du moulin

1 Préchauffez le four à 180 °C (th. 6). Lavez et coupez les endives en deux. Épluchez l'échalote et la gousse d'ail.

2 Dans une grande sauteuse, faites chauffer l'huile d'olive et le beurre. Ajoutez les endives et faites-les dorer 2 à 3 minutes de chaque côté.

3 Frottez un plat à gratin avec la gousse d'ail et disposez-y les endives. Hachez la gousse d'ail et parsemez-en les endives. Ajoutez également l'échalote hachée.

4 Retirez les laîches (lanières végétales) qui entourent le livarot et coupez-le en tranches. Disposez-les sur les endives et saupoudrez de persil haché. Dans un bol, fouettez la crème avec le jaune d'œuf et versez le mélange dans le plat à gratin.

5 Enfournez pour 35 minutes.

Le conseil de Virginie – Fromagère Affineuse – Depuis 1946

Un pont-l'évêque peut remplacer le livarot. Si vous souhaitez plus de gourmandise, optez pour un mont-d'or.

BURGERS DE LÉGUMES RÔTIS À L'ÉPOISSES

Pour **4 personnes** • Préparation **20 min** • Cuisson **30 min**

1 époisses AOP plutôt jeune et pas trop coulant

500 g de légumes de saison (courgettes, aubergines, tomates, potimarron...)

2 c. à s. d'huile d'olive

1 c. à c. d'herbes de Provence

4 pains à hamburger

1 poignée de salade

Sel et **poivre** du moulin

1 Préchauffez le four à 180 °C (th. 6). Coupez le fromage en tranches. Lavez les légumes et détaillez-les en tranches ou en morceaux.

2 Sur une plaque à four recouverte d'une feuille de papier sulfurisé, disposez les légumes et arrosez-les d'huile d'olive. Salez, poivrez et parsemez d'herbes de Provence. Enfournez pour 25 minutes jusqu'à ce que les légumes soient bien rôtis.

3 À l'aide d'un couteau, ouvrez les pains à hamburger en deux et faites-les chauffer 2 minutes au four avec les légumes juste avant de les garnir.

4 Sortez les légumes et les pains du four. Sur quatre demi-pains, disposez en alternance les légumes et les tranches de fromage. Ajoutez un peu de salade fraîche et poivrez généreusement avant de recouvrir chaque hamburger de son chapeau. Dégustez aussitôt.

Le Conseil de Virginie — Fromagère Affineuse — Depuis 1946

En restant dans la famille des fromages à croûte lavée, vous pouvez choisir une version plus douce que l'époisses : un fromage frotté au chablis, du type Chablisienne, ou une version « plus animale » comme le reblochon.

BAKER DE POMMES DE TERRE AU GRATARON D'ARÊCHES

Pour **4 personnes** • Préparation **20 min** • Cuisson **40 min**

1 grataron d'Arêches moelleux

4 très grosses pommes de terre

1 petit bouquet de fines herbes variées (ciboulette, persil, coriandre, cerfeuil…)

4 c. à s. de crème fraîche

4 pincées de piment d'Espelette

Sel et **poivre** du moulin

1 Préchauffez le four à 200 °C (th. 6-7). Lavez les pommes de terre. Ne les épluchez pas mais frottez leur peau avec une brosse. Emballez-les dans du papier aluminium avant de les mettre dans un plat à four. Faites cuire 35 minutes.

2 Pendant ce temps, écroûtez le fromage (ou non, si vous voulez plus de goût) et coupez-le en dés. Lavez et hachez le bouquet de fines herbes.

3 Sortez les pommes de terre du four. Ôtez le papier aluminium et coupez les pommes de terre en deux. Récupérez la chair en grattant avec une cuillère. Prenez garde à ne pas transpercer la peau.

4 Dans un saladier, mélangez la chair des pommes de terre avec la crème fraîche et les dés de fromage. Ajoutez les herbes hachées et le piment d'Espelette. Salez, poivrez et mélangez à nouveau. Farcissez les moitiés de pommes de terre avec cette préparation.

5 Placez les demi-pommes de terre farcies sur une plaque à four et enfournez pour 5 minutes en position grill.

6 Servez les pommes de terre très chaudes, accompagnées d'une salade verte à la vinaigrette aillée.

Le Conseil de Virginie — Fromagère Affineuse depuis 1946

Fromage très rare fabriqué dans le Beaufortain, le grataron allie la technologie du saint-nectaire avec un lait de chèvre. Avec sa pâte légèrement pressée, non cuite et à croûte lavée, c'est un de mes chouchous. Si vous ne trouvez pas de grataron, remplacez-le par une tomme de chèvre jeune ou par un saint-nectaire.

ALIGOT DE L'AUBRAC

Pour **4 personnes** • Préparation **20 min** • Cuisson **30 min**

400 g de tomme fraîche de l'Aubrac

1 kg de pommes de terre à purée

250 g de crème liquide entière

1 Épluchez, lavez et essuyez les pommes de terre. Placez-les dans une casserole et recouvrez-les d'eau froide. Faites cuire 20 à 25 minutes à partir de l'ébullition.

2 Égouttez les pommes de terre, remettez-les dans la casserole et écrasez-les à l'aide d'un presse-purée. Faites chauffer la crème liquide et mélangez-la aux pommes de terre jusqu'à obtenir une belle purée.

3 Coupez de fines tranches de tomme fraîche à l'aide d'une mandoline ou d'un économe (cela facilitera la fonte). Ajoutez-les dans la casserole et laissez fondre sur feu très doux en mélangeant, sans cesse et délicatement, avec une spatule en bois.

4 Faites filer l'aligot en l'étirant avec la cuillère. Lorsqu'il est bien homogène, arrêtez la cuisson et servez très chaud.

Le conseil de Virginie – Fromagère Affineuse – Depuis 1946

Servez une salade bien croquante en accompagnement.

Le gratin fou de Virginie au beaufort chalet d'alpage

Pour **6 personnes** • Préparation **20 min** • Cuisson **1 h**

400 g de beaufort chalet d'alpage AOP (12-18 mois d'affinage)

2 kg de pommes de terre à chair fondante du type Monalisa ou agata

1 gousse d'ail

50 cl de crème liquide entière de qualité

3 branches de thym

Poivre du moulin

1 Préchauffez le four à 160 °C (th. 5-6) en chaleur tournante. Écroûtez et coupez le beaufort en tranches très fines. Épluchez, lavez et essuyez les pommes de terre. Émincez-les finement en tranches de 2 mm maximum à l'aide d'une mandoline.

2 Coupez la gousse d'ail en deux. Utilisez l'une des moitiés pour en frotter les parois et le fond d'un plat à gratin. Donnez un tour de moulin à poivre.

3 Dans le plat à gratin, disposez une couche de pommes de terre puis une couche de fromage. Répétez l'opération en ajoutant, lors de la deuxième couche, du poivre et de la crème liquide ainsi que la demi-gousse d'ail hachée. Terminez par une couche de fromage. Poivrez et parsemez par-dessus les branches de thym effeuillées. Versez enfin le reste de la crème liquide.

4 Enfournez pour 45 minutes à 1 heure. Surveillez régulièrement et piquez au milieu du plat avec un couteau pour vérifier que les pommes de terre sont fondantes.

5 Dégustez très chaud, à la sortie du four. Ce gratin est le meilleur ami de la fondue bourguignonne. Il peut également être accompagné d'une salade de cresson pour une version plus fraîche.

Le Conseil de Virginie — Fromagère Affineuse — depuis 1966

Le qualificatif « chalet d'alpage », qui distingue ce beaufort exceptionnel, est réservé aux fromages au lait cru et entier fabriqués selon les méthodes traditionnelles entre les mois de juin et d'octobre inclus. Ils sont élaborés deux fois par jour en chalet d'alpage, situé à plus de 1 500 mètres d'altitude, grâce à la production laitière d'un seul troupeau.

La richesse des pâturages et la flore diversifiée d'altitude, généreuse en plantes aromatiques, confèrent à ce fromage des qualités organoleptiques exceptionnelles : une pâte d'abord ferme en bouche puis fondante, des arômes délicats et variés sans être trop puissants.

Aux origines de la création de cette merveille gustative, on trouve les fameuses et sublimes races locales, la Tarine et l'Abondance, un superbe territoire préservé, ainsi que des femmes et des hommes engagés qui perpétuent avec passion ce savoir-faire ancestral.

TARTARE DE SAINT-JACQUES À LA TOMME DE BREBIS

Pour **4 personnes** • Préparation **15 min**

300 g de tomme jeune de brebis fermière au lait cru

8 noix de Saint-Jacques

4 cœurs de laitue

Pour l'assaisonnement :

1 citron bio

4 pincées de piment d'Espelette

Baies roses

Huile d'olive

Crème de vinaigre balsamique

Sel et **poivre** du moulin

1 Lavez les noix de Saint-Jacques, essuyez-les et tranchez-les dans l'épaisseur pour obtenir 3 lamelles. Lavez puis coupez très finement les cœurs de laitue.

2 Détaillez la tomme de brebis en tranches fines d'égale épaisseur. À l'aide d'un emporte-pièce de la taille des noix de Saint-Jacques, découpez des pétales dans les tranches de fromage.

3 Dans chaque assiette, disposez les noix de Saint-Jacques et les pétales de fromage en rosace. Pressez le citron et arrosez les Saint-Jacques avec le jus. Ajoutez un filet d'huile d'olive, salez et poivrez. Saupoudrez de piment d'Espelette et de quelques baies roses.

4 Autour de la rosace, disposez la salade, arrosez-la d'huile d'olive et de crème de vinaigre balsamique. Salez et poivrez. Servez sans tarder. Vous pouvez décorer le cœur de la rosace avec une fleur comestible : une fleur de primevère ou de capucine, par exemple.

Le conseil de Virginie – Fromagère Affineuse – Depuis 1966

Veillez à bien demander une tomme de brebis jeune, du type ossau-iraty, pour qu'elle soit douce.

TARTE À L'OIGNON ROUGE ET À LA FOURME DE MONTBRISON

Pour **4 personnes** • Préparation **20 min** • Cuisson **50 min**

2 grosses tranches de fourme de Montbrison AOP, souple, plutôt jeune

5 oignons rouges

3 c. à s. d'huile d'olive

2 c. à s. de miel

1 pâte brisée prête à l'emploi

Sel et **poivre** du moulin

1 Épluchez les oignons et émincez-les finement. Dans une sauteuse, faites suer les oignons avec l'huile d'olive 10 à 15 minutes sur feu doux. Veillez à ce qu'ils ne dorent pas : pour cela, ajoutez éventuellement un tout petit peu d'eau au cours de la cuisson. Salez, poivrez et versez le miel en fin de cuisson.

2 Préchauffez le four à 180 °C (th. 6). Si nécessaire, étalez la pâte brisée sur un plan de travail fariné. Foncez un moule à tarte avec la pâte et piquez-la avec une fourchette. Étalez les oignons sur le fond de tarte et disposez les tranches de fromage par-dessus. Poivrez généreusement.

3 Enfournez pour 40 minutes environ afin que le fromage soit bien gratiné.

4 Servez la tarte chaude ou tiède, accompagnée d'une salade verte.

Le Conseil de Virginie – Fromagère Affineuse – depuis 1946

La fourme de Montbrison a été inscrite en novembre 2018 sur la liste du patrimoine culturel immatériel national de l'Unesco. Si vous n'en trouvez pas, une fourme d'Ambert fera l'affaire.

TIAN DE COURGETTES, RAISIN ET SAINTE-MAURE-DE-TOURAINE

Pour **4 personnes** • Préparation **10 min** • Cuisson **20 min**

1 sainte-maure-de-Touraine AOP fermier, demi-frais

500 g de raisin frais

2 courgettes

Herbes de Provence

Huile d'olive

Sel et **poivre** du moulin

1. Préchauffez le four à 180 °C (th. 6). Découpez le fromage en fines tranches. Lavez le raisin et les courgettes. Coupez les grains de raisin en deux (vous pouvez les épépiner si vous en avez le courage). Détaillez les courgettes en fines tranches.
2. Dans 4 ramequins larges ou 4 assiettes creuses, disposez en alternance des rangées de courgettes, de demi-grains de raisin et de tranches de chèvre. Arrosez le tout d'un filet d'huile d'olive. Salez, poivrez et saupoudrez d'herbes de Provence.
3. Enfournez pour 20 minutes et servez chaud.

Le Conseil de Virginie – Fromagère Affineuse – Depuis 1946

Pour cette recette, il est important que le chèvre soit cendré et utilisé en demi-frais. Vous pouvez aussi vous diriger vers un valençay, un selles-sur-cher...

Pommes farcies au langres

Pour **4 personnes** • Préparation **15 min** • Cuisson **20 min**

1 langres AOP fermier, entre-deux (pas trop fait)

4 pommes bio du type reine des reinettes

4 pincées de piment d'Espelette

4 branches de romarin

4 c. à s. de crème fraîche

Sel et **poivre** du moulin

1 Préchauffez le four à 180 °C (th. 6). Coupez le fromage en bâtonnets en conservant la croûte. Lavez puis évidez les pommes sans aller jusqu'au fond afin d'éviter que le fromage ne s'échappe des pommes par la suite.

2 Dans un plat à gratin, disposez les pommes. Vous pouvez les envelopper d'un morceau de papier sulfurisé pour faciliter le maintien du fromage à l'intérieur et autour de chaque pomme. Disposez ensuite les bâtonnets de fromage dans les pommes et autour de chacune d'elles. Salez, poivrez et parsemez de piment d'Espelette. Plantez 1 branche de romarin dans chaque pomme.

3 Versez 1 cuillerée à soupe de crème fraîche au centre de chaque pomme. Enfournez pour 20 minutes.

4 Servez les pommes avec une salade de laitue ou de mesclun assaisonnée d'une bonne vinaigrette au vinaigre de cidre.

Le Conseil de Virginie — Fromagère Affineuse — Depuis 1946

Aucune alternative possible, on garde le langres !

LASAGNES AUX ÉPINARDS ET AU VACHERIN

Pour **6 personnes** • Préparation **30 min** • Cuisson **50 min**

2 vacherins mont-d'or AOP pas trop coulants

2 ricottas

1 kg d'épinards en branches

3 gousses d'ail

100 g de noisettes ou d'amandes

50 g de beurre

½ boîte de pâtes à lasagne

Huile d'olive

Sel et **poivre** du moulin

1 Coupez les vacherins en fines tranches. Lavez les épinards et ôtez les queues. Épluchez et écrasez les gousses d'ail. Concassez les noisettes ou les amandes.

2 Dans une grosse cocotte, faites tomber les épinards avec le beurre et un verre d'eau. Salez et poivrez. Couvrez et faites cuire 10 minutes environ. Retirez le couvercle, ajoutez l'ail et laissez évaporer toute l'eau de cuisson des épinards. Débarrassez et réservez.

3 Préchauffez le four à 180 °C (th. 6). Huilez le fond d'un plat à gratin et disposez-y une couche de pâtes à lasagne. Ajoutez une couche d'épinards, quelques cuillerées de ricotta ainsi que 2 ou 3 tranches de vacherin. Salez, poivrez et parsemez de noisettes ou d'amandes concassées. Répétez l'opération jusqu'à épuisement des ingrédients. Terminez par une couche complète de tranches de vacherin.

4 Enfournez pour 40 minutes. Servez les lasagnes bien chaudes, accompagnées éventuellement d'une salade verte assaisonnée.

Le Conseil de Virginie — Fromagère Affineuse — Depuis 1946

Il existe une version plus rare de vacherins, qui ne bénéficient pas d'une AOP. Fabriqués avec du lait de brebis en Savoie, dans le Perche ou dans les Pyrénées, ils ne sont ni meilleurs ni moins bons, mais simplement différents. Intéressants à tester, ils offrent plus de finesse.

PETITS WRAPS DE HADDOCK AU PÉRAIL DE BREBIS

Pour **4 personnes** • Préparation **15 min**

1 pérail de brebis au lait cru moelleux

1 tomate

300 g de haddock fumé

4 poignées de feuilles de salade ou de roquette

4 crêpes de maïs ou de blé

1 Découpez le fromage de brebis en bâtonnets. Lavez la tomate et détaillez-la en demi-tranches. Ôtez la peau du haddock et coupez-le en bâtonnets. Lavez et essorez la salade.

2 Sur chaque crêpe de maïs ou de blé, disposez un peu de haddock, des morceaux de tomate, 1 poignée de salade et quelques bâtonnets de brebis.

3 Roulez les crêpes sur elles-mêmes et maintenez-les serrées à l'aide de bâtonnets en bois. Coupez chaque wrap en deux. Inutile d'ajouter une sauce : le crémeux du fromage rendra le wrap onctueux.

Le Conseil de Virginie – Fromagère Affineuse – depuis 1966

La qualité du fromage est très importante dans cette recette. Privilégiez un pérail de petite production, acheté chez votre fromager.

Champignons farcis au chèvre frais

Pour **4 personnes** • Préparation **10 min** • Cuisson **25 min**

2 chèvres frais de 200 g au lait cru
16 gros champignons de Paris
2 gousses d'ail
5 tiges de persil
30 g de beurre
6 c. à s. de crème fraîche
Sel et **poivre** du moulin

1 Coupez les fromages en gros dés et réservez. Lavez et essuyez les champignons. Ôtez-leur leur queue, conservez 4 chapeaux entiers et hachez le reste des champignons au couteau. Épluchez et hachez l'ail. Lavez et ciselez le persil.

2 Dans une casserole, faites cuire les champignons hachés avec le beurre 5 minutes. Salez, poivrez et ajoutez l'ail en fin de cuisson.

3 Préchauffez le four à 200 °C (th. 6-7). Dans un plat à four, disposez les 4 têtes de champignon et garnissez-les avec la duxelles de champignons, les dés de fromage et le persil. Poivrez généreusement. Ajoutez la crème fraîche dans le plat et enfournez pour 20 minutes.

4 Servez bien chaud.

Le conseil de Virginie – Fromagère Affineuse – depuis 1946

Vous pouvez utiliser un bleu léger type fourme d'Ambert ou bleu du Vercors. Les notes de champignon du bleu s'accordent à merveille avec le champignon.

PETIT CHAPON FARCI AU CHÈVRE ET AU PAIN D'ÉPICES

Pour **6 à 8 personnes** • Préparation **30 min** • Cuisson **2 h 30**

Pour la farce :

400 g de chèvre frais

400 g de pain d'épices

1 pomme

2 gousses d'ail

1 oignon

100 g de pignons de pin

50 g de raisins secs

1 petit chapon de 3 à 4 kg

30 cl de vin blanc liquoreux du type sauternes ou monbazillac

1 bouquet garni

Huile d'olive

Sel et **poivre** du moulin

1 Préchauffez le four à 180 °C (th. 6). Préparez la farce du chapon : coupez le chèvre et le pain d'épices en gros dés. Épluchez la pomme, épépinez-la et coupez-la en dés. Épluchez et émincez l'ail et l'oignon.

2 Dans un saladier, mélangez le fromage de chèvre, le pain d'épices, la pomme, l'oignon, l'ail, les pignons de pin et les raisins. Farcissez le chapon avec cette préparation.

3 Placez le chapon dans un plat à four. Arrosez-le d'un filet d'huile d'olive et versez le vin blanc liquoreux dans le fond du plat. Ajoutez 2 verres d'eau et le bouquet garni. Enfournez pour 2 h 30 en retournant le chapon toutes les demi-heures et en l'arrosant copieusement avec le jus de cuisson.

4 Sortez le chapon du four et laissez-le reposer 10 bonnes minutes en posant une feuille de papier aluminium par-dessus.

5 Découpez le chapon, servez-le avec la farce et accompagnez-le de fruits cuits au four (pommes, poires, châtaignes…) ou de légumes verts.

Le Conseil de Virginie

Vous pouvez choisir un autre fromage frais, du type ricotta ou brocciu.

FEUILLETÉ DE BŒUF AU PECORINO ET À LA SAUGE

Pour **4 personnes** • Préparation **30 min** • Cuisson **35 min**

200 g de pecorino au poivre (10 mois)

1 rôti de bœuf dans le filet de 1 kg

1 belle branche de sauge

400 g de pâte feuilletée

1 jaune d'œuf

Sel et **poivre** du moulin

1 Préchauffez le four à 180 °C (th. 6). Coupez de fines tranches de pecorino. Supprimez la ficelle et la barde du rôti de bœuf. Lavez et hachez les feuilles de sauge.

2 Avec un couteau, incisez la viande tous les 2 à 3 cm et insérez dans les entailles les tranches de fromage et la sauge hachée. Salez et poivrez généreusement la viande.

3 Sur un plan de travail fariné, étalez la pâte feuilletée et disposez le rôti par-dessus. Enfermez-le dans la pâte feuilletée en soudant les bords avec un peu d'eau. À l'aide d'un pinceau, dorez la pâte avec un jaune d'œuf battu. Vous pouvez éventuellement récupérer des restes de pâte pour façonner quelques décorations.

4 Disposez le feuilleté sur une plaque à four recouverte d'une feuille de papier sulfurisé et enfournez pour 35 minutes.

5 Sortez le feuilleté du four, tranchez-le et servez-le accompagné de pâtes fraîches, de pommes de terre au four ou d'une salade verte.

Le Conseil de Virginie — Fromagère Affineuse — depuis 1946

Si vous voulez changer du pecorino, la recette fonctionne aussi bien avec une tomme de brebis de Savoie ou un ossau-iraty.

ESCALOPES DE POULET AU MORBIER

Pour **4 personnes** • Préparation **15 min** • Cuisson **20 min**

300 g de morbier (70 jours d'affinage)
Quelques feuilles de sauge ou 1 petit bouquet de persil
1 gousse d'ail
4 blancs de poulet fermier
1 c. à s. d'huile d'olive
1 c. à s. d'herbes de Provence
40 cl de crème liquide entière
Sel et **poivre** du moulin

1 Préchauffez le four à 180 °C (th. 6). Écroûtez le morbier et coupez-le en tranches. Lavez et ciselez les feuilles de sauge ou le persil. Épluchez et hachez l'ail.

2 Dans une sauteuse, faites dorer les blancs de poulet des 2 côtés avec l'huile d'olive 5 minutes sur feu moyen.

3 Mettez la viande dans un plat à four. Salez, poivrez et saupoudrez d'herbes de Provence. Disposez les tranches de morbier sur le poulet, arrosez avec la crème liquide et parsemez d'ail et d'herbes aromatiques. Enfournez pour 15 minutes jusqu'à ce que le fromage soit bien gratiné.

4 Servez les escalopes bien chaudes, accompagnées de tagliatelles fraîches.

Le conseil de Virginie — Fromagère Affineuse — depuis 1946

Des tranches de raclette nature ou parfumée peuvent aisément remplacer le morbier.

Flammekueche au munster

Pour 6 personnes • Préparation **15 min** • Cuisson **40 min**

1 munster AOP fermier au lait cru, demi-fait

1 kg d'oignons

200 g de lardons fumés

500 g de pâte à pizza

10 cl de crème liquide entière

Sel et **poivre** du moulin

1 Découpez le munster en tranches en conservant la croûte. Épluchez et émincez finement les oignons.

2 Dans une poêle anti-adhésive, faites revenir les lardons à sec 5 minutes. Débarrassez.

3 Dans la même poêle, faites fondre les oignons 15 minutes sur feu doux jusqu'à ce qu'ils blondissent. Salez et poivrez. Mettez-les dans un saladier et laissez-les refroidir.

4 Préchauffez le four à 200 °C (th. 6-7). Sur un plan de travail fariné, étalez la pâte à pizza et disposez-la sur une plaque à four recouverte d'une feuille de papier sulfurisé. Répartissez les oignons et les lardons sur la pâte, puis ajoutez les tranches de munster. Arrosez de crème liquide et enfournez pour 20 minutes.

5 Servez la flammekueche bien chaude, accompagnée d'une salade verte.

Le Conseil de Virginie — Fromagère Affineuse — Depuis 1966

Si vous n'appréciez pas le côté animal du munster, optez pour un saint-nectaire, qui sera plus rond.

RAVIOLES DE LANGOUSTINES AU BROCCIU, À LA CITRONNELLE ET À LA CIVE

Pour **4 personnes** • Préparation **35 min** • Cuisson **20 min**

Pour les ravioles :

100 g de brocciu frais AOP

300 g de langoustines cuites

2 gousses d'ail

1 c. à s. de racine de gingembre hachée

1 c. à s. d'huile d'olive

4 c. à s. de crème liquide

300 g de pâte à ravioles fraîche (ou de pâte à raviolis chinois)

Pour le bouillon :

2 tiges de citronnelle

2 cives

2 c. à s. de soja salée

1 petit bouquet de coriandre

1 Préparez la farce des ravioles : réservez 4 belles langoustines pour le décor et décortiquez le reste en mettant les pinces de côté. Hachez les langoustines décortiquées. Épluchez et hachez les gousses d'ail. Dans un saladier, mélangez les langoustines avec l'ail, le brocciu et la moitié du gingembre.

2 Dans une poêle, faites revenir la farce avec l'huile d'olive 3 minutes, puis ajoutez la crème et laissez réduire encore 2 minutes.

3 Sur un plan de travail fariné, étalez la pâte en un long rectangle. Coupez-la en deux dans le sens de la largeur. Sur la première moitié de pâte, répartissez la farce en formant des petits tas de la taille d'une cuillère à café, espacés régulièrement. Recouvrez avec le second morceau de pâte. Collez les bords avec de l'eau et appuyez pour bien fermer. Coupez les ravioles avec un couteau pour les détacher les unes des autres. Vous pouvez éventuellement les retailler à l'aide d'un emporte-pièce.

4 Préparez maintenant le bouillon : lavez et hachez la citronnelle et les cives. Dans une casserole avec 1,5 litre d'eau, mettez les cives, la citronnelle, les pinces des langoustines, le reste du gingembre et la sauce soja. Laissez frémir 10 minutes sur feu doux. Ajoutez ensuite les ravioles et faites cuire 5 à 6 minutes environ.

5 Versez rapidement le bouillon fumant dans des assiettes creuses, répartissez-y les ravioles, saupoudrez de coriandre hachée et décorez avec les langoustines entières. Servez bien chaud.

Le Conseil de Virginie – Fromagère Affineuse – Depuis 1966

Un chèvre frais ou une ricotta sont de bonnes solutions de remplacement dans cette recette.

SAUCES

SAUCE AU ROQUEFORT ET AU VIN BLANC

Pour **4 personnes** • Préparation **5 min** • Cuisson **15 min**

200 g de roquefort AOP
2 verres de vin blanc sec
10 cl de crème liquide entière
Poivre du moulin

1 Coupez le roquefort en morceaux. Dans une casserole, faites chauffer le vin blanc et laissez réduire 5 minutes.

2 Ajoutez ensuite le fromage et remuez le mélange avec un fouet jusqu'à ce que le fromage soit complètement fondu.

3 Versez la crème liquide et laissez réduire à nouveau 5 minutes. Poivrez généreusement.

4 Vous pouvez utiliser cette sauce avec une viande rouge ou du lapin. Vous pouvez également en napper des pâtes.

SAUCE AU MAROILLES ET AU PORTO

Pour **4 personnes** • Préparation **5 min** • Cuisson **5 min**

½ maroilles AOP fermier, jeune et doux
30 cl de crème liquide entière
5 cl de porto rouge
4 branches de persil
Sel et **poivre** du moulin

1 Coupez le demi-maroilles en gros dés. Lavez et hachez le persil.

2 Dans une casserole, faites chauffer la crème, puis ajoutez les dés de fromage. Poivrez généreusement et laissez réduire 5 minutes.

3 En fin de cuisson, versez le porto dans la casserole. Rectifiez l'assaisonnement et ajoutez le persil.

4 Cette sauce pourra être servie sur des pommes de terre cuites au four, des endives braisées ou une viande blanche ou rouge.

SAUCE AU CHÈVRE ET AU MIEL

Pour **4 personnes** • Préparation **5 min** • Cuisson **5 min**

250 g de fromage de chèvre frais au lait cru
20 cl de crème liquide entière
1 pincée de piment d'Espelette
2 c. à s. de miel liquide
Poivre du moulin

1 Découpez le chèvre en petits cubes.

2 Dans une casserole, faites chauffer la crème liquide entière, puis mettez les cubes de fromage. Poivrez généreusement, ajoutez le piment d'Espelette et le miel. Laissez réduire 2 à 5 minutes en remuant jusqu'à obtenir une consistance agréable.

3 Servez bien chaud. Cette sauce accompagnera délicieusement des légumes rôtis au four ou un magret de canard grillé.

Sauce au neufchâtel bien pimentée

Pour **4 personnes** • Préparation **5 min** • Cuisson **5 min**

200 g de neufchâtel AOP fermier, jeune et doux
1 gousse d'ail
1 bouquet de ciboulette
20 cl de crème liquide
1 c. à c. de piment fort ou de piment d'Espelette

1 Découpez le neufchâtel en petits dés. Épluchez et hachez la gousse d'ail. Lavez et ciselez le bouquet de ciboulette.

2 Dans une casserole, faites chauffer la crème, puis ajoutez les dés de fromage. Remuez avec un fouet jusqu'à ce que le fromage soit complètement fondu. Ajoutez ensuite l'ail et le piment.

3 Au moment de servir, parsemez la sauce avec la ciboulette ciselée. Elle accompagnera parfaitement des pâtes, des blancs de poulet ou un gratin de côtes de bettes.

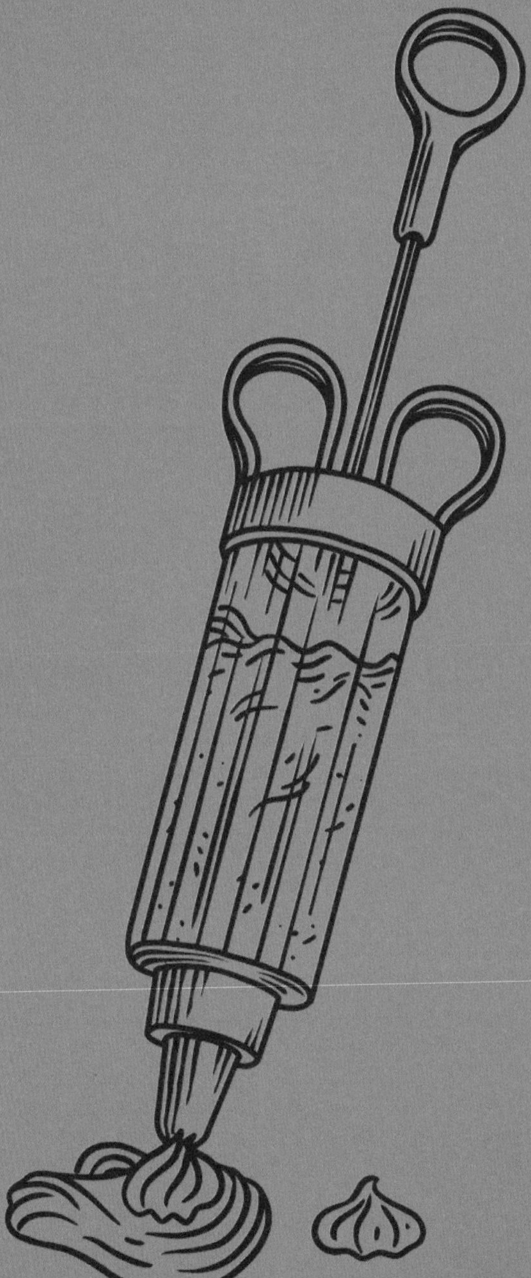

DESSERTS

NUAGE AUX FRUITS ROUGES

Pour **4 personnes** • Préparation **30 min** • Repos **2 h**

300 g de faisselle de fromage de vache ou de brebis

30 cl de crème liquide entière

30 g de sucre glace

300 g de fruits rouges au choix

1 gousse de vanille

4 c. à s. de sucre en poudre

1. Tapissez une passoire d'une gaze de coton, déposez le fromage en faisselle sur la gaze et placez la passoire au-dessus d'un récipient. Laissez le fromage s'égoutter pendant 2 heures au frais. Vous pouvez placer un poids dessus pour aider le liquide à s'écouler.
2. Dans un cul-de-poule à la même température que la crème, placez la crème, puis le sucre glace et battez la crème en chantilly.
3. À l'aide d'une spatule souple, mélangez délicatement la faisselle égouttée à la moitié de la chantilly. Ajoutez l'intérieur de la gousse de vanille grattée.
4. Disposez la préparation dans des verres et parsemez de fruits rouges. Décorez avec la chantilly restante.

Le Conseil de Virginie – Fromagère Affineuse – Depuis 1946 –

Le fontainebleau de Virginie

250 g de fromage blanc lisse au lait de vache, de préférence fermier / **50** cl de crème liquide entière
300 g de fruits rouges au choix / **1** branche de menthe ou de basilic

Placez le fromage blanc et la crème liquide au réfrigérateur au moins 2 heures.

Dans un cul de poule préalablement placé 10 minutes au congélateur, versez la crème liquide et le fromage blanc très froids. Fouettez vivement jusqu'à ce que le mélange monte en mousse.

Disposez la préparation dans des verres et ajoutez les fruits rouges. Décorez avec des feuilles de menthe ou de basilic.

CHEESECAKE AU COULIS D'ABRICOT

Pour **8 à 10 personnes** • Préparation **30 min** • Cuisson **1 h 30** • Repos **3 h 30**

Pour 30 cl de coulis d'abricot :

400 g d'abricots mûrs français

200 g de sucre

Pour le cheesecake :

18 petits-suisses, artisanaux de préférence

9 œufs, bio de préférence

180 g de sucre

3 c. à s. de crème liquide

1 citron

150 g de biscuits sablés ou de spéculoos

40 g de beurre de qualité

1 Préparez le coulis : lavez et dénoyautez les abricots. Coupez-les en quatre ou en six, placez-les dans une casserole avec le sucre et laissez mariner 30 minutes. Puis, faites cuire 30 minutes environ, comme une confiture, avant de mixer l'ensemble. Vous pouvez ajouter un peu d'eau si la consistance est trop épaisse. Laissez ensuite refroidir à température ambiante.

2 Préchauffez le four à 180 °C (th. 6).

3 Lavez le citron et zestez-le. Dans la cuve d'un batteur, placez les œufs et le sucre, puis fouettez 2 minutes. Ajoutez les petits-suisses et la crème liquide, puis battez à nouveau 2 minutes. Ajoutez le zeste et le jus d'un demi-citron. Réservez.

4 Dans un récipient, écrasez les biscuits ou les spéculoos avec une fourchette. Faites fondre le beurre et ajoutez-le aux biscuits. Mélangez.

5 Tapissez un moule à fond amovible de papier sulfurisé. Déposez-y le mélange de biscuits et de beurre en tassant bien, puis versez délicatement l'appareil à cheesecake sur les biscuits. Enfournez pour 1 heure.

6 Au sortir du four, laissez refroidir et placez 3 heures au réfrigérateur. Démoulez et servez accompagné du coulis d'abricot.

Le Conseil de Virginie — Fromagère Affineuse — depuis 1946

La saison des abricots étant assez courte, n'hésitez pas à les remplacer par des fruits de saison.

TARTE AU FROMAGE BLANC, AUX AMANDES ET AU MIEL

Pour **6 personnes** • Préparation **20 min** • Cuisson **40 min**

Pour la pâte sablée :

250 g de farine

1 pincée de sel

125 g de beurre mou

30 g de sucre glace

1 jaune d'œuf

30 cl d'eau

À noter : la pâte sablée peut être remplacée par une pâte brisée (voir p. 180).

Pour la préparation au fromage :

500 g de fromage blanc frais de vache ou de brebis bien lisse

4 œufs frais

5 grosses c. à s. de miel

1 c. à s. de farine

50 g d'amandes effilées

1 Préparez la pâte sablée : mettez la farine et le sel dans un cul-de-poule, ajoutez le beurre coupé en morceaux et sablez la pâte à la main ou au robot muni d'une feuille. Ajoutez le sucre glace, puis l'œuf et l'eau tout en continuant de mélanger. Formez une boule, farinez-la et laissez-la reposer 1 heure au réfrigérateur avant de l'utiliser.

2 Préchauffez le four à 180 °C (th. 6). Dans un saladier, battez les œufs et le fromage blanc avec le miel avant d'ajouter la farine. Mélangez.

3 Sur un plan de travail fariné, étalez la pâte au rouleau. Beurrez un moule à tarte, puis foncez-le avec la pâte. Piquez le fond avec une fourchette. Versez la préparation sur le fond de tarte et saupoudrez d'amandes effilées. Enfournez pour 40 minutes.

4 Au sortir du four, laissez la tarte refroidir avant de la déguster tiède ou froide.

Le conseil de Virginie — Fromagère Affineuse — depuis 1966

Choisissez l'intensité de votre miel selon vos goûts. Un miel clair, de type acacia, tilleul ou pommier, aura une saveur douce ; un miel de couleur plus foncée, tels ceux de châtaignier, de sapin et de sarrasin, aura un goût plus prononcé.

Tourteau fromager

Pour **4 tourteaux** • Préparation **45 min** • Repos **1 h** • Cuisson **40 min**

Pour la pâte brisée :

200 g de farine type 55

100 g de beurre froid

1 pincée de sel

65 g d'eau

1 œuf

Pour la préparation au fromage :

250 g de fromage de chèvre frais égoutté

130 g + **50** g de sucre

50 g de lait

6 œufs entiers

50 g de farine type 55

1 bouchon de cognac

Le Conseil de Virginie — Fromagère Affineuse — depuis 1966 —

Impossible de se lasser de cet incontournable dessert des années 1980… ni de lui trouver une alternative !

1 Préparez la pâte brisée : dans le la cuve d'un batteur muni d'une feuille, mettez la farine et le beurre coupé en petits morceaux ainsi que le sel. Sablez les ingrédients, puis ajoutez l'eau et l'œuf. Continuez à malaxer avec la feuille du batteur jusqu'à obtenir une pâte à la bonne consistance. Si elle est collante, ajoutez un peu de farine.

2 Enveloppez la pâte dans un film alimentaire et laissez-la reposer au réfrigérateur au moins 1 heure.

3 Sur un plan de travail fariné, étalez la pâte avec un rouleau à pâtisserie et abaissez-la finement. Découpez-la en quatre. Graissez les moules à tourteaux avec du beurre et foncez-les avec les morceaux de pâte brisée. Pour le moment, ne retaillez pas les bords. Placez au réfrigérateur le temps de préparer l'appareil au fromage.

4 Préchauffez votre four à 250 °C (th. 8-9). Dans un saladier, battez le fromage frais bien égoutté avec 130 g de sucre. Versez le lait et mélangez jusqu'à obtenir une consistance lisse.

5 Séparez les blancs des jaunes d'œuf. Dans le saladier, ajoutez les jaunes d'œuf, la farine puis le cognac. Mélangez et réservez.

6 Dans la cuve du batteur, battez les blancs en neige à l'aide du fouet en ajoutant 50 g de sucre en deux fois afin d'obtenir une meringue bien lisse.

7 Incorporez la moitié de la meringue dans l'appareil au fromage à l'aide d'une spatule souple, puis ajoutez le reste très délicatement.

8 Sortez les moules du réfrigérateur et ébarbez l'excédent de pâte en suivant le bord des moules. Répartissez-y l'appareil au fromage.

9 Enfournez les tourteaux et faites cuire 20 minutes, avant de baisser la température à 180 °C (th. 6) et de prolonger la cuisson 20 minutes.

10 Sortez les tourteaux du four et laissez-les refroidir à température ambiante.

GLACE AU YAOURT ET AU THYM

Pour **4 personnes** • Préparation **10 min** • Congélation **3 h**

100 g de yaourt grec

100 g de crème liquide entière

3 c. à s. de sucre

1 c. à s. de thym haché

1 Dans un cul-de-poule préalablement placé 10 minutes au congélateur, versez la crème liquide bien froide et le sucre. Fouettez vivement jusqu'à ce que le mélange monte en chantilly.

2 Dans un saladier, disposez le yaourt grec et incorporez-y délicatement la chantilly avec une spatule souple. Ajoutez le thym et mélangez.

3 Versez la préparation dans un bac et placez-la au congélateur au moins 3 heures. Cette glace n'a pas besoin d'être turbinée pour être dégustée.

4 Au moment de servir, décorez avec du thym frais.

Le conseil de Virginie – Fromagère Affineuse – Depuis 1946

Vous pouvez opter pour un yaourt de vache ou de brebis et varier les herbes aromatiques : basilic, verveine, citronnelle...

GLACE AU BROCCIU ET AU SIROP D'ÉRABLE

Pour **4 personnes** • Préparation **10 min** • Congélation **3 h**

Pour la glace :

200 g de brocciu

3 blancs d'œuf

50 g de sucre en poudre

4 c. à s. de sirop d'érable

Pour la décoration :

200 g de framboises fraîches ou décongelées

4 c. à s. de sirop d'érable

1 Dans la cuve d'un batteur, battez les blancs d'œuf en neige en y ajoutant le sucre en poudre.

2 Dans un saladier, fouettez le brocciu, puis incorporez-y petit à petit les blancs en neige et le sirop d'érable.

3 Versez la préparation dans un bac et placez-la au congélateur au moins 3 heures. Cette glace n'a pas besoin d'être turbinée pour être dégustée.

4 Au moment de servir, arrosez de sirop d'érable et disposez quelques framboises par-dessus.

Le conseil de Virginie – Fromagère Affineuse – depuis 1946

Vous pouvez aussi remplacer le brocciu par de la ricotta.

CRÉMEUX DE CHÂTAIGNE

Pour **4 personnes** • Préparation **10 min** • Repos **1 h**

- **400** g de faisselle
- **1** gousse de vanille
- **200** g de crème liquide entière
- **50** g de sucre
- **400** g de crème de marrons

1. Coupez la gousse de vanille en deux et raclez l'intérieur avec la pointe d'un couteau pour en récupérer les graines.
2. Dans un cul-de-poule placé préalablement 10 minutes au congélateur, mettez la crème liquide très froide, les graines de vanille ainsi que le sucre. Fouettez en chantilly.
3. Dans un autre récipient, fouettez le fromage et incorporez-y délicatement la chantilly à l'aide d'une spatule souple.
4. Dans des verres, intercalez des couches de préparation au fromage et des couches de crème de marrons.
5. Placez au réfrigérateur 1 heure avant de servir.

Le Conseil de Virginie
Fromagère Affineuse
- DEPUIS 1946 -

Émiettez des morceaux de marrons glacés sur le dessus afin d'apporter du croquant à ce dessert.

Fiadone de Corse

Pour **6 personnes** • Préparation **20 min** • Repos **30 min** • Cuisson **40 min**

500 g de brocciu
(à défaut, de la ricotta)

1 citron jaune bio

4 œufs

150 g de sucre

1 c. à s. de Maïzena®

1 Laissez égoutter le brocciu 30 minutes. Lavez le citron, zestez-le et pressez-le pour en récupérer le jus.

2 Préchauffez votre four à 180 °C (th. 6). Dans un récipient, battez les œufs avec le sucre. Ajoutez-y le fromage, puis la Maïzena®. Mélangez.

3 Ajoutez les zestes et le jus du citron dans la préparation au fromage et mélangez.

4 Beurrez et farinez un plat. Versez-y la préparation au fromage et enfournez pour 40 minutes.

Le conseil de Virginie – Fromagère Affineuse – depuis 1966

Pour ma part, je préfère le servir légèrement tiède.

Index

À l'apéro

Desserts

Entrées

Plats

Sauces

Remerciements

Remerciements de Virginie

Merci à mes producteurs(trices) pour le fabuleux travail qu'ils accomplissent au quotidien, véritables artistes de la transformation fromagère, ils nous régalent de leur savoir-faire. Sans eux la vie serait bien triste.

Merci à Christophe Savouré, notre éditeur, pour sa confiance.
Merci à Franck Schmitt pour son talent !
Merci à Lucie Nédellec pour son efficacité et son œil de lynx.
Merci à Stéphanie pour son aide indéfectible tout au long de l'élaboration de ce livre.
Quelle aventure !

Remerciements de Franck

Merci à Virginie pour sa passion passionnante ! Je me suis régalé !
Merci à Lucas de nous avoir mis en relation ! La passion toujours !
Merci à Lucie pour son travail attentif et bienveillant
et à Christophe pour sa fidélité et son enthousiasme.

Éditions du Gerfaut
6-8, rue du docteur Maunoury
28000 Chartres
www.editionsdugerfaut.com

Toutes les photographies sont de Franck Schmitt.
Création graphique : Claire Mieyeville pour Lunedit.
Mise en pages : Marion Huet pour Lunedit.
Suivi éditorial : lunedit.com

Dépôt légal : septembre 2022
ISBN : 978-2-35191-272-0

Les éditions du Gerfaut bénéficient du soutien de la Région Centre-Val de Loire, de l'État (DRAC Centre-Val de Loire) et de Ciclic Centre-Val de Loire.

Imprimé en Roumanie..